Life on the Ancient Roman Road

An Autobiographical Novel

Vahan Totovents

ԿՅԱՆՔԸ ՀԻՆ ՀՌՈՄԵԱԿԱՆ ճԱՆԱՊԱՐՀԻ ՎՐԱ

ԻՆՔՆԱԿԵՆՍԱԳՐԱԿԱՆ ՎԵՊ

ՎԱՀԱՆ ԹՈԹՈՎԵՆՑ

Life on the Ancient Roman Road

Contact:
IndoEuropeanPublishing@gmail.com

ISNB: 978-1-60444-766-8

ԿՅԱՆՔԸ ՀԻՆ ՀՌՈՄԵԱԿԱՆ ՃԱՆԱՊԱՐՀԻ ՎՐԱ

© Հնդեվրոպական Հրատարակչություն, 2014

Հրատարակված է Ամերիկայի Միացյալ Նահանգներում:

Կապ՝
IndoEuropeanPublishing@gmail.com

ISNB: 978-1-60444-766-8

Մայրս գնում է գոմ՝ կովը կթելու։

Գնում է և երկար ժամանակ չի վերադառնում։

— Քա՛, աղջի՛, հարսն ի՞նչ եղավ,— հանկարծ բացականչում է հորաքույրս,— գոմ գնաց ու չեկավ։

Վազում են գոմ, տեսնում են մորս՝ կովի մոտ նստած, գրկում՝ մի կապուտաչյա երեխա։

Այդ երեխան ես էի։

* * *

Մայրիկս ինձ գրկել էր, կանգնել կտուրի վրա և կանչում էր.

— Լուսինկա՛ պապա, լուսինկա՛ պապա, եկո՛, էս չար տղան տա՛ր...

Ես նայեցի մորս կանչած ուղղությամբ և տեսա լուսինը, որ մանիշակագույն մթնաշաղում, մուգկապույտ լեռան վրա նստել էր։ Այնքա՛ն մեծ էր այդ լուսինը։ Դրանից հետո ես երբեք չտեսա այդքան մեծ լուսին։ Նայելով և հրճվելով նրա բոցագույն փայլից՝ մի ձեռքով բռնեցի մայրիկիս մազերը, կախվեցի առաջ— ուզում էի ավելի մոտ լինել լուսնին— և մյուս ձեռքով ե՛ս էլ սկսեցի կանչել։ Մայրիկս նայեց ինձ և հանկարծ սեղմեց ինձ կրծքին՝ այնպե՛ս պինդ, այնպե՛ս գորովալից։ Թեև ես կորցրի լուսինը, բայց դուրեկան էր ինձ համար մորս սեղմում ը, ինձ դուր էր գալիս մորս բուրումը։

Առաջին անգամն էր, որ ես այդքան բարձրից դիտում էի շրջապատը— ընդարձակ և զմրուխտյա մի դաշտ՝ կապույտ լեռների շղթայով երիզված։ Մայրիկիս թևի վրա նստած՝ մի ձեռքով բռնած մորս մազերը, ես ինձ նետում էի առաջ, ուզում էի թռչել դեպի զմրուխտյա դաշտերը. ինձ այնպես էր թվում, որ եթե մայրիկս թողնի՝ ես պիտի կարողանամ ցատկել դիմացի կտուրը և այդ կտուրից էլ դեպի դաշտը։ Հարևան կտուրը բարձրացավ մի կին և, տեսնելով լիալուսինը, խաչակնքեց և մեզ դառնալով՝ ասաց.

— Չոճուխը տեներն ես հաներ...

— Հա՛...

— Քա՛, ինչքա՛ն գիրցեր է, աչք չիտամ...

Մայրիկս քնքուշ կշմտեց իմ ամենափափուկ տեղը:

Ես այլևս չլսեցի, թե ինչ խոսեցին, ինձ հափշտակել էր ընդարձակ և անդորր տարածությունը: Դաշտում իմ աչքին խփում էին մինարեները և կաղամախիները, երկուսն էլ դեպի երկինքն էին թռչում, երկուսն էլ օրորվում էին մթնշաղում: Կտուրից ես սկսեցի տեսնել և տները, հենց առաջին անգամ տեսա մեր տունը: Մինչև այդ ինձ միայն փողոցի դուռն էին հանում կամ շատշատ լուսամուտի առաջ, կանգնած բռնում էին, որ դիտեմ, ես տեսել էի մեր դիմացի տունը և նրա ձևը, մեր տունը դեռ չէի տեսել. չէի տեսել այնպիսի կետից, որ կարողանայի ամբողջականապես ըմբռնել նրա ձևը: Երբ մ այրիկս ինձ տարավ կտուրի մյուս ծայրը, ես ներքև նայեցի և տեսա մեր պարտեզը. տեսա ավազանը, որ փոքրացել էր, տեսա Գոգոյին, որ ծաղիկներն էր ջրում, նա էլ կարճացել էր, թփերը, մեծ ծառերն անգամ թզուկացել էին: Դարձա մայրիկիս զարմացած, մայրիկս չէր փոքրացել:

Մթնշաղի մանիշակագույն մշուշում սուրում էին ծիծեռնակներ, բյուրավոր ծիծեռնակներ, որոնցից ոմանք իմ գլխի վրայով, շատ մոտիկից, սուր ճիչ արձակելով՝ անցնում էին: Երբ ես հետևում էի նրանցից մեկնումեկի թռիչքին և պատկերացնում էի նրա թռիչքի գիծը իբրև թել, իմ առաջ դիզվում էր խառնված թելի մի կույտ:

Մայրիկիս գրկում ես այնքան խաղացի և թռչելու փորձեր արի, որ հոգնեցի, փաթաթվեցի մայրիկիս վզով, կամացկամաց գլուխս կախվեց ստինքների վրա, շրթներս հպան նրա ջերմ պտուկներին: Միայն առավոտյան աչքերս բացի: Արև էր: Մայրիկս քնած էր, կուրծքը բաց: Վեր կացա, մոտեցա նրան, գլուխս թաղեցի նրա կրծքի մեջ: Մայրիկս, առանց աչքերը բանալու, մի թևով պինդ գրկեց ինձ:

Ա

Հայրս կալվածատեր էր և մեր գավառում պետական բարձր պաշտոնատար:

Բայց ես պետք է սկսեմ նրա մահից:

Նա մահվան պատրաստվեց այնպես, ինչպես նորափեսան է պատրաստվում իր հարսանիքին:

Մեռնելուց մի ամիս առաջ (դեռևս ոտի վրա էր և բավական առույգ, բայց գիտեր, որ հաղթում է մահվան որդը) կանչեց հյուսնին, միասին ջոկեցին երկար ընկուզե տախտակներ:

— Էս տախտակին վրա ոստ կա,— ասաց հայրս և մեկդի նետեց տախտակը, փոխարինելով մեկ ուրիշ մաքուր տախտակով:

Ապա պառկեց հատակին, պարսկական քիրմանշահ գորգի վրա, հյուսնը վերցրեց նրա հասակի չափը:

— Չինարի բոյ ունիս, հաջի էֆենդի,— ասաց հյուսնը՝ չափը վերցնելուց հետո:

Հայրս ժպտաց անտարբեր:

Եվ հորս ներկայության, նրա խստագույն ցուցմունքների և հրահանգների համաձայն՝ հյուսնը շինեց հորս դագաղը. . .

Մայրս, առանձին սենյակում, ողբում էր աղիողորմ, մինչդեռ հյուսնը, հորս հետ կատակելով, պատմություններ պատմելով և մեկմեկ օղի ճնկելով, չափում էր ընկուզե տախտակը, կտրում, հղկում, ագուցում և փայլեցնում:

— Ուստա Մարգա՛ր, հեչ գամ չպիտի գործածես,— պատվիրում էր հայրս:

— Գլխո՛ւս վրեն, հաջի էֆենդի:

Իսկ ես, միամտորեն, թեթևագույն հոգով, դիտում էի ուստա Մարգարի աշխատանքը: Կարծում էի, որ հայրս պատրաստվում էր ճամփորդության, գնալու էր Ստամբուլ կամ ավելի հեռու քաղաքներ և ինձ նվերներ էր բերելու:

Ամեն անգամ երբ նա վերադառնում էր ճամփորդությունից՝ ողողում էր տունը նվերներով:

Ուստա Մարգարը շինեց դագաղը, վերջացավ: Կարծես մի սեղան շինեց կամ պահարան: Այնքա՜ն անտարբեր:

— Հաջի էֆենդիիս պատմեմ, ասկե քան տարի առաջ...— պատմում էր ուստա Մարգարը, ծիծաղում ու հղկում տախտակը:

Բայց երբ հայրս ընտանիքի բոլոր անդամներին դուրս հանեց, որպեսզի դագաղի մեջ պառկի վերջին անգամ ստուգելու՝ ուստա Մարգարն էլ դուրս եկավ սենյակից սարսափով:

— Ղուրբա՜ն ըլիմ աստծո զորության, ասլանի ջիգեր ունի,— ասաց ուստա Մարգարը:

Դուրսը բոլորն էլ լաց էին լինում, բոլորն էլ մասնակցում էին մորս ողբին:

Իմ աչքերն էլ լցվեցին արցունքով:

Իմ հոգու թեթևությունը փոխվեց մի մթին ծանրության: Ականջիս շշուկ ընկավ, որ հայրիկը շուտով պետք է մեռնի...

Ինձ պատեց մի վախ: Այդ վախը գնալով աճեց: Մինչև երեկո նա տիրեց ամբողջ իմ հոգուն:

Սկսեցի վախենալ տան բոլոր իրերից, մանավանդ դուռը բաց թողնված պահարանից, ջրհորից, սանդուղների տակը գրված մեծ սնդուկից, որի մեջ երբեմն մենք պահվում էինք խաղի համար:

Երբ հայրս դուռը բաց արավ, ո՛չ ոք չգնաց մոտը, բացի ինձանից:

Գնացի, փաթաթվեցի նրան, գլուխս խրեցի նրա կրծքի մեջ, խո՜րը, խո՜րը շնչեցի նրա շապկի հոտը:

Այդ հոտը տաքացրեց ինձ, փարատեց իմ սարսափը:

Հայրս գրկեց ինձ, նայեց աչքերիս մեջ:

Ես տեսա արցունքի կաթիլներ նրա աչքերում:

Մորս արցունքները շատ էի տեսել, բայց հորս արցունքները՝ երբեք:

Առաջին անգամ տեսա այրող արցունքը:

— Ցավրում, մավի գյոզլի յավրում[1], — շշնջաց նա ու ինձ ողողեց համբույրներով:

Հետզհետե բոլորն էլ եկան, շարվեցին հորս առաջ: Նա նստած էր իր անկողնի վրա, ես՝ նրա գրկում:

Գլուխը վեր բարձրացրեց, նայեց շուրջիններին և, տեսնելով լացից ուռած աչքերը, բարկացավ.

— Ի՞նչ եք դեմս կայներ, հեռացե՛ք: նրանք հեռացան:

Ծառան դազաղը շալակեց և տարավ դուրս:

Հայրս գլուխը հակեց իմ վրա, ինչպես մի մթին և ծանր ամպ:

Քիչ անց՝ եկավ ուստա Մարգարը:

Հայրս գովեց նրա աշխատանքը, վճարեց և մի քանի բաժակ օղի տվեց:

Ուստա Մարգարը բարձրացրեց առաջին բաժակը:

— Շնորհակալ եմ, հաջի էֆենդի, բարով...— հանկարծ լռեց և ապշահար կանգ առավ: Բաժակը վեր բարձրացրած՝ մնաց օդում:

— Վնաս չունի, խմե՛,— ասաց հայրս և ժպտաց:

***

Երկու օր անց՝ մտա փայտանոցը:

---

[1] Տղաս, կապուտաչյա տղաս

Սպիտակ սավանով փաթաթված երկար մի բան էր դրված պատն ի վեր: Մոտեցա: Բաց արի՝ հորս դագաղն էր:

Սարսափով վազեցի դուրս:

Հանդիպեց մայրս: Մի ակնթարթ նայեց աչքերիս և անմիջապես փակեց իր ձեռքերով և ինձ սեղմեց կրծքին: Ո՞վ է իմանում, ի՛նչ էր տեսել նա իմ աչքերում: Դողում էի ամբողջ մարմնով, կարծես մերկ թողնված էի ցուրտ քամու առաջ:

Մայրս ոչինչ չհարցրեց ինձ: Երևի նա զգաց, որ հորս դագաղն էի տեսել:

Հայրս պաշտոնատեղին էր գնում բարձր, սպիտակ և ռեհվան[2] էշի վրա նստած, որի թամբը զարդարված էր արծաթյա աստղերով և փիրուզյա քարերով: Էշը փողոցի քար երից կայծեր էր թռցնում վազելիս: Ծառան վազում էր նրա հետևից հևիհև, որպեսզի պաշտոնատեղին հասնելուն պես, մի ձեռով սանձը բռնի և մյուս ձեռքով էլ՝ ասպանդակը, որ հայրս ցած իջնի:

Ծառան էշը տուն էր բերում առանց նստելու: Եվ ոչ ոքի էլ թույլատրված չէր այդ: Երեկոյան նորից էր տանում, որ հայրս վերադառնա: Եվ ամեն օր միննույնը:

Մենք մի ձի էինք պահում, որպեսզի երբ ազգականներից և բարեկամներից մեկնումեկը գար և ասեր թե՝ «Հայրս բարև ըրավ, ըսավ քի՝ էշը թող տան, տեղ գնամ գամ», էշի փոխարեն՝ ձին տայինք:

Հայրս չէր սիրում, որ իր էշի վրա ուրիշն էր նստում: Եվ դժվար թե ինքը՝ էշը թույլ տար, որ, բացի հորիցս, որևէ մեկը նստեր վրան: Նստողի դիակով անպայման մի փոս կլցներ:

Հորս արիստոկրատիզմից շատ բան էր անցել էշին, նրա հոգեբանությունը նույնպես զարգացել էր այդ ուղղությամբ:

Հորս տուն վերադառնալուց առաջ ամբողջ տունը շարժման մեջ էր. ընտանիքի ամեն մի անդամը մի բան էր անում, դարսում, սրբում,

---

[2] քայլքի տեսակ

դասավորում, տեղափոխում: Տունը պետք է լիներ խստագույն կարգապահության մեջ, կոշիկները դարսված, պահարանների դռները փակ, այգու ծաղիկները ջրված, երեխաները սանրված, ընտանիքի բոլոր անդամների շորերը փոխված, ջրի բաժակը ջրամանի մոտ՝ կոթը ոչ դեպի պատը դարձված, ավելն իր անկյունը, շորերի կախարանի նրա վերարկուի մեխը բոլորովին ազատ:

Դռան առաջ նա իջնում էր էշից: Մի պահ սպասում էր, մի սիգարեթ էր վառում, որպեսզի ամբողջ տունն իմանա, որ եկել է:

Դրան կարիք էլ չկար, որովհետև փողոցի անկյունից էշը սկսում էր զռալ և հայտարարել ժամանումը:

Մայրս հանդիպում էր նրան բակում, միասին բարձրանում էին վեր: Մեզանից ոչ ոք նրա մոտ չէր գնում, նա ինքը բոլորին կանչում էր հատ-հատ, համբուրում, շոյում, կշտամբում և ճանապարհի զցում:

***

Կիրակի օրերը նա գնում էր ագարակ և մինչև կեսգիշեր մնում այնտեղ: Մարմարյա ավազանի եզրին օղի էր խմում, տնից հատուկ ուղարկված ընթրիքն անում: Այդ ընթրիքը մոտավորապես պատրաստված էր լինում տասը մարդու համար — միգուցե հանկարծակի հյուրեր հայտնվեին:

Կեսգիշերին վերադառնում էր էշով:

Եթե երեք օր էլ ուշանար՝ մայրս անքուն պիտի սպասեր նրան, մի քանի խոսք փոխանակեր և ապա գնար քնելու:

Իմ մանկությունն անցել է այդ ագարակում, մարմարյա այդ ավազանի եզրին, անցել է աղավնու սպիտակ թևերի վրա:

Գիշերը կապույտ երկնքից այնքա՜ն աստղեր էին թափվում նրա պայծառ, աստղաասարսուռ խորության մեջ:

Ցերեկն արեգակը լողում էր նրա մեջ, կարծես զովանում էր նրա

ցուրտ ջրերում, իսկ գիշերը տիեզերական էր, խորհրդավոր, խորի՜ն, խորի՜ն...

Գիշերը սպիտակ հատակը կապտանում էր, ջուրը մուգանում և աստղե՜ր, բյուրավո՜ր աստղեր: Լռությո՜ւն, անսահման լռությո՜ւն: Ուռիները կռանում էին ավազանի վրա, ամբողջ ագարակի ծառերը շշնջում էին, հանկարծ մի ասուպ ճեղքում էր ավազանը և կորչում: Համատարած, մե՜ծմե՜ծ թևերով գիշեր, երկա՜ր, համասփյո՜ւռ մի երազ, կապույտ, մուգկանաչ և վերևում սպիտակ ամպեր: Կապույտ երկնքից կարծես կաթկթում էր շիթ առ շիթ, եղնիկի արցունքների նման, անհիմանալի մի բան, դողի նման, սարսուռի նման ծայր էր առնում, տարածվո՜ւմ, տարածվո՜ւմ և տիեզերանո՜ւմ:

Մրգե՜ր, մրգե՜ր, մրգե՜ր, որ գույն էին ճչում, խոտը հրավառ կանաչ, կանաչի մեջ կանաչ կակաչներ: Սարալանջ, որ ներկվում էր արևային արյունով, սարալանջի ետևը կապույտ լեռներ, այդ լեռների գրկում, բարձր, ջի՜նջ, փիրուզյա մի լիճ, կարծես բյուրավոր մանկական աչքեր էին քթթում:

Խաղողի հատիկները կախվում էին ինչպես մանկական պայծառ, ջի՜նջ աչքեր: Կարմիր, սև, դեղին և սպիտակ խաղողի ողկույզները ծծում էին արևից լույս, գույն և քաղցրություն, կարծես հենց արևն էր խտացած, կաթիլկաթիլ մղված, ապա լերդացած և կլորացած:

Աշնան այդ ագարակը ծոցվորվում էր, հողը կարծես պատռվում էր իր սեռային անզուսպ կատաղությունից, հորդում էր միրգը, վարարում լեռներից հոսող ջրերի նման, հնձանը լռվում, խաղմուղը փրփրում, վազում, լցվում կարասների մեջ իբրև հողի ուրախություն, իբրև արևի ճիչ, իբրև արևի և հողի հզոր և միասնական երգ:

Ես էլ ուզում էի երգել, երգել լիահնչյո՜ւն, արևալի՜ց և արևակո՜ծ:

***

Աշնան այդ լիառատ օրերին հայրս պատրաստվում էր գնալ Ստամբուլ:

Ասում էին, որ Ստամբուլում մի կին դյութել է նրան:

Բայց այս մասին այն ժամանակ, երբ կանեմ մորս պատմությունը:

***

Ճաշում ենք՝ լո՜ւռ:

Լռությունը դաժանագույն պայման էր, ո՛չ մի ծիծաղ, ո՛չ մի խոսք՝ այսպես էր պահանջում հայրս:

Մայրս դեմ էր այդ լռության, նա սիրում էր, որ ճաշն անցներ ճիչերով, ծիծաղով, թեև անկարգ, բայց ուրախ կանչերով, մեկը փրթկացներ, պատառը բերանում (այսպես էինք ճաշում, երբ հայրս բացակա էր), բայց երբ հայրս ներկա էր, մայրս էր, որ լռության էր հրավիրում բոլորին, որովհետև այդպես էր ամուսնու կամքը:

«Ծիծաղ և խոսակցություն ճաշից առաջ և հետո, բայց երբեք՝ ճաշի ժամանակ»,— այս էր հորս փիլիսոփայությունը:

Երբեմն փորձում էինք շուռ տալ կարգը, հայրս սաստում էր.

— Ծո՜, ձա՛նըդ...

***

Տարին երկու անգամ հայրս հագնում էր նշանազգեստը, հագնում էր հայհոյելով, որովհետև այդ զգեստով դժվար էր նստել էշի վրա: Այդ նշան ազդես ար երկար, սև սյուրտուկ էր, առաջը վերից վար կոճկված, բարձր օձիքով՝ վրան սրմայով բանված, ծոպավոր, ոսկեհուռ ուսադիրներ, կրծքի վրա աջ ուսից շեղակի իջնում էր ալիքավոր, լայն, կանաչ ժապավենը: Գնում էր պետական պարադի, վերադառնում տուն և անմիջապես հանում, կրկնելով. «Օ՜ֆ, օ՜ֆ, օ՜ֆ, օ՜ֆ, ազատվա՛»:

Այդ օրն ամբողջ տունը լուռ էր, տոնական խաղաղություն, տան բակի սալահատակն այնքան մաքրված էր լինում, որ աղոտորեն անդրադարձնում էր վրան քայլող մարդկանց ստվերները: Տան ֆասադը զարդարված էր լինում թրքական մահիկազարդ դրոշակներով, դուռը կամարված կանաչ ուռու ճյուղերով, որոնց մեջ կախվում էին գույնզգույն լապտերներ՝ գիշերվա համար:

***

Ամառը հայրս անցկացնում էր երկար ժամեր տան պարտեզում, ջրհորի մոտ, մի մեծ վարդենու կողքին:

Առավոտվանից ջրհորն էին իջեցնում մի փոքրիկ կողով: Այդ կողովում՝ մի փոքրիկ շիշ օղի, կանաչի և մրգեր: Հորս նստելն ու ջրհորի կողովը վեր բարձրացվելը մեկ էր լինում: Կողովի բովանդակությունը մայրս ինքը դարսում էր վարդենու տակ դրված սեղանի վրա:

Քույրերիցս մեկը հանում էր հորս կոշիկը, փոխարինելով հողաթափով:

Մեկմեկ երկարում էր հայրս, բռնում վարդենու ճյուղը, մոտեցնում քթին և հոտոտում մուլթկարմիր, մեծ վարդը:

Այդ անէացած աշխարհի կապույտ մոխրում այժմ էլ, զգում եմ, կաթում է այդ վարդենու արյունը, կաթում է արցունքի նման, ցողի նման, կաթում է եղևնու խեժի նման:

Այդ բոլորի վրա փլվեց կապույտ երկնակամարը, ինչպես հին տաճարի փիրուզյա գմբեթ երկրաշարժից:

***

Նոր տարու գիշերը, երբ մենք՝ մանուկներս, սպասում էինք Ձմեռ պապիին, որ մեզ բերեր նոր տարու նվերներ, դուռը բախեց մահը, բռնեց հորս ձեռքը, սեղմեց ջերմագին և նրանք, մահն ու հայրս, թևանցուկ դուրս եկան տնից, քայլեցին սպիտակ ձյունի վրայով:

Գնացին և է՛լ չեկան:

Բ

Ես կարծում եմ, որ աշխարհում եղել են երկու քրիստոնյա: Մեկը ինքը՝ Քրիստոսը, հրեա, իսկ մյուսը՝ մայրս, հայ:

Նա միայն մի գիրք էր կարդում՝ Ավետարանը: Ամբողջ օրը նա ջանում էր միայն մի բան անել՝ իրագործել Ավետարանի պատվիրանները: Աղքատների հետ ճաշի էր նստում, բարեգործություններ էր անում, պայմանով, որ ոչ ոք չիմանա, և... աղոթում էր:

Խոնարհվում էր այդ կինը մինչև ոսկորների ծուծը: Նրա խոնարհությունն օրգանական էր, որովհետև այդ խոնարհության համար խոր տարաձայնություններ էին ստեղծվել նրա և հորս միջև:

Մի կին, որ պատրաստ էր ամուսնու ամեն ուզածն անել,— թեկուզ ոճիր, բայց չէր կարող ազատվել խոնարհությունից: Խոնարհության գերին էր այդ կինը: Թող բոլորն անգոսեին իրեն, թքեին և մրեին— նա տանում էր միայն խոնարհությամբ. այդպես էր պատվիրում Ավետարանը:

Հայրս պահանջում էր, որ մայրս դառնա խանում, նստի դահլիճի վերի կողմը, ստինքներու պես ուռած բարձերով շրջապատված, ոչ մի բանի չխառնվի և, գլխավորը, ոչ մի քահանա չհյուրասիրի տանը: Օրգանական ատելություն էր զգում դեպի քահանաները:

Մայրս ամբողջ օրը լաց էր լինում և լուռ, խոնարհությամբ, բայց աներևակայելի համառությամբ, պայքարում էր հորս այս աղայական փիլիսոփայության դեմ:

Գաղտնի, բոլորից պատվիրելով, որ հորս լուր չտանք, նա գնում էր և լվացարարուհուն օգնում, ավլում էր տունը, աղախինների հետ հատակն էր սրբում՝ փոշու մեջ կորած, ճաշ էր եփում, կրակ վառում, վերջապես անում էր այն, ինչ մի գավառացի կին առհասարակ անում է:

Առանց այդ աշխատանքի՝ մեռած էր այդ կինը:

Բայց երբ էշը ճանապարհ էր ընկնում դեպի հորս պաշտոնատեղին, փոխվում էր ամեն ինչ:

Մայրս և բոլորն էլ հագնում էին այնպես, որ կարծես պետք է հարսանիք գնան: Հորս աչքերից չէր խուսափում, սակայն, մորս արիստոկրատիզմի սահմաններից դուրս գալը:

— Նորե՛ն,— խստությամբ շշնջում էր նա:

Մայրս խոնարհությամբ ժպտում էր, բռնում հորս ձեռքը, սեղմում էր երեսին և լռում:

Հայրս էլ լռում էր, ընկճվում էր նրա զգվանքի տակ, բայց ներսում զայրույթի փոթորիկը ծայր էր առնում, բարձրանում էր առանձնասենյակը և երկար մտածում:

Երկուսն էլ համառ էին:

Հայրս համառ արիստոկրատ էր:

Մայրս՝ համառ դեմոկրատ:

Մինչև վերջն էլ հայրս չկարողացավ հաշտվել մորս դեմոկրատիզմի և մայրս էլ՝ հորս արիստոկրատիզմի հետ:

***

Մայրս գիտեր, որ հայրս Ստամբուլում «դոստ» ունի: Բայց այս մասին մորս հոգին խաղաղ էր:

Դա բխում էր ո՛չ թե նրա անտարբերությունից դեպի ամուսինը, այլ խորախոր սիրուց: Սիրելով նրան՝ սիրում էր և նրա հանցանքը:

— Էրիկ մարդ է,— ասում էր մայրս,— սիրտը դադար չունի:

Հիշում եմ, որ երբ հայրս մեռավ, և մեծ եղբայրս սկսեց ճանապարհորդություններ կատարել դեպի Ստամբուլ կամ սևծովյան հավահաիզիստներ՝ մայրս հանձնեց նրան ճոխ նվերների մի կապոց, որպեսզի Ստամբուլում հանձնի իր ամուսնու սիրուհուն:

Հիշում եմ նաև, որ մայրս կապոցը հանձնեց արցունքների մեջ խեղդված ոչ թե Ստամբուլի կնոջ պատճառով, այլ նրա համար, որ հայրս չկար այլևս:

— Թող սաղ ըլլեր, հազարը սիրեր,— ասում էր նա:

Մայրս ցանկանում էր, որ հորս նվիրական հիշատակներից մեկը՝ Ստամբուլի կինը, հարգված լինի:

Ստամբուլի կինն էլ մորս կապոցը ընդունել էր արցունքներով: Հորս մահվան մասին նա առաջին անգամ լսել էր մեծ եղբորիցս:

Երկու կանայք լաց էին լինում մի տղամարդու համար, այն տղամարդու, որ այդ երկու կնոջ հոգին էլ լցրել էր սարսուռով, ծծել էր երկուսի շուրթերից էլ սիրո արյունը:

Մեծ եղբայրս պատմեց, թե ինչպես էր գնացել այդ կնոջ մոտ՝ Ստամբուլում: Կինն անմիջապես ճանաչել էր եղբորս, գրկել էր, համբուրել և լաց եղել:

— Բոյովբուսով կնիկ էր, բարակ, երկար մազերով, ընկույզի գույն աչքերով, հունական քթով, կոկորդի վրա սև խալ:

Մայրս հրճվանքով լսում էր եղբորս պատմությունը և լաց լինում:

— Մեսումը[3] որբ մնաց,— ասում էր մայրս արցունքների միջից:

Մինչև այժմս էլ չեմ կարողանում ընդգրկել մորս սիրո խորությունը: Երբ փորձում եմ նայել այդ խորության մեջ՝ գլխապտույտ եմ ունենում և սիրտս դողում է այդ խորությունից:

---

3 խեղճ, անօգնական, որբ

Մայրս կրթված կին չէր, նրա ուսումը Ավետարանից դենը չանցավ, բայց հզոր սիրո ազդեցության տակ նա հասել էր հոգու անսահման խաղաղության:

Կինը, եթե սիրի, լեռան ծանրություն կարող է կրել իր հոգում:

***

Ինչպես ասացի, մորս գերագույն մխիթարությունն էր ամեն երեկո կամ կիրակի ցերեկները ծալապատիկ նստել սենյակի մի անկյունը և Ավետարան կարդալ, առաջ՝ մեռած հորս հոգու, իսկ վերջերս էլ՝ պանդուխտ եղբայրներիս համար:

— Գևորգիս համար գլուխ մը Ավետարան կարդամ,— ասում էր նա և մի էջը բաց անում: Բանալուց հետո, նախքան սկսեր կարդալը, նրա պայծառ և շագանակագույն աչքերը լցվում էին արցունքի կաթիլներով:

Մի գլուխ կարդալուց հետո՝

— Գլուխ մ՛ըլ Լևոնիս համար կարդամ:

Մենք բոլորս լցվում էինք խոր ու դողահար երկյուղածությամբ, անծանոթ մի սարսուռ պատում էր մեր հոգին, և մայրիկը դառնում էր մեր աչքին բոլորովին կերպարանափոխված մի կին: Ընթերցումից հետո լռին աղոթք էր անում:

Ամեն անգամ, երբ Ավետարանի անցքերի և անձնավորությունների մասին հարցեր էին տալիս նրան, նա բացատրում էր յուրահատուկ հասկացություններով:

Մի օր ես պառկել էի սաղիրի[4] վրա և կիսաքուն վիճակում էի: Մայրս կարով էր զբաղված, իսկ մեծ հարսն Ավետարան էր կարդում բարձրաձայն: Հանկարծ հարսն իր ընթերցումն ընդհատեց և մայրիկիս դառնալով՝ ասաց.

---

[4] թախտ

— Մայրի՛կ, քըզի բան մի տի հարցնեմ: Աստվածաշնչի մեջ գրված է, որ օձը խաբեր է Եվան, օձի խոս քովը խնձոր կերեր է. վերջը ատ խնձորեն Ադամին ըլ կերցուցեր է, աստված երկուքին ըլ պատժեր է ու դրախտեն վռնդեր է, աս գլուխը հեչ չիմ հասկնար...

— Քա՛, հարս,— ընդմիջեց մայրս,— ստ՛ւս, չոձուխը[5] կլսե:

Մայրս ինձ էր ակնարկում: Մինչև այդ ես կիսաքուն էի, կարող էի բոլոռովին քնել, բայց մորս զգուշավորությունը լսելով՝ բոլորովին զարթնեցի:

Մայրս հաստատ լինելով, որ քնել եմ, սկսեց բացատրել օձի պատմությունը.

— Հարսնո՛ւկ, օղո՛ւլ, երկու հատ զավակ ունիս, ամմա դահա շատ ջահել ես, բան չես գիտեր,— սկսեց մայրս: — Ինչո՞ւ համար է, որ կնիկներուն երես չեն տար, ժամուն մեջ չեն թողուր, որ կնիկները խորան ելլեն, կնիկ ըսվածը շատ մեղքեր ունի, աշխըրքիս շատ մեղքը կնիկներուն վզին է: Ես քըզի ըսեմ ատ պատմությունը, դուն մարդու բան մի ըսեր: Եվան չափան օինի հաներ է[6] , աստուծո խոշին չի եկեր, ինչու որ դահա աստված պսակի հրաման չէր տվեր. Եվան չի համբերեր, գացեր մտեր է Ադամին ծոցը, աստված ըլ բարկցեր է, անիծեր ու դրախտ են դուրս քշեր: Օձը կնկան միջի կրակն է, քա՛, հեչ տեսե՞ր ես, որ էրիկ մարդը կնկա ձեռք դպցնի, մինչև կնիկը պոչը չխաղցնե: Աչքը քոռնա Եվային, առանց պսակի չափան օինի հանեց և մեզ ըլ ձգեց այս կրակին մեջ, թող քիչ մ՚ըլ համբերեր, աստված պսակի հրաման կուտար, էն ատենը թող մտնար էրկան ծոցը, զաթեն ուրիշ կնիկ ըլ չիկար, որ ձեռքեն առներ, մեկ մը ինք, մեկ ըլ Ադամն էին ամբողջ աշխարքի մեջ:

Հարսը միայն մի բացականչություն արավ.

— Քա՛...

— Եվան աննամուս կնիկ է եղեր, խոսքը միջերնիս,— վերջացրեց մայրս:

---

[5] երեխա

[6] ամուսնությունից առաջ հղիանալ

Մինչև հիմա էլ չեմ մոռանա այն սարսափը, որ ես պատճառեցի իմ բարի մորը։

Ամառ էր։ Տապից փախած՝ գնացել էի մեր տան մութ խզենը[7] և պառկել էի հովանալու համար։ Չգիտեմ ինչքան էի քնել, երբ մեկն սկսեց իջնել ցած։ Ես աչքերս բաց արի և սկսեցի դիտել։ Հանկարծ ներքև իջնողը սարսափելի ճիչ արձակեց և փռվեց գետին։ Ես ցատկեցի անմիջապես, դրսից վրա հասան ընտանիքի մյուս անդամները։

Գետին փռվողը մայրս էր։ Գրկեցինք և տարանք ննջարանը։ Զանազան կաթիլներով հազիվ կարելի եղավ զարթեցնել։ Ամբողջովին դժգունել էր, նայում էր վախեցած աչքերով, մեկ՝ մեկին էր հառում, մեկ՝ մյուսին— պարզապես հորս էր որոնում։ Վրա հասավ մեծ եղբայրս (մեծ եղբայրս տասներեք տարով փոքր էր մորիցս), անմիջապես գրկեց մորս գլուխը և հարցրեց.

— Ի՞նչ եղավ։

Մորս լեզուն բացվեց։

— Խզենը սատանա կար,— շշնջաց մայրս,— աչքերը բոցի պես կփայլեին։

Մեծ եղբայրս կարծես ցնցվեց։ Նա կարծեց, թե մայրիկին մի բան էր պատահել, խելքին մի արատ էր հասել, բայց ես անմիջապես գլխի ընկա, մոտեցա մայրիկիս, գլուխս գրի նրա անուշաբույր կրծքի վրա և լացով ասացի.

— Խզենը պառկո ղրղը ես էի, սատանա չէր։

Մեծ եղբայրս ուզեց պատմել ինձ, բայց մայրս թույլ չտվեց։

Շրթունքների վրա, այնքան սարսափից հետո, ծաղկեց մի թեթև ժպիտ, գրկեց ինձ և ասաց.

— Սատանայի աչքեր ունիս։

---

7 ներքնահարկ

Եվ գուրգուրանքով շոյեց նա իմ ոսկեգույն մազերը:

***

Գիշերը ես վեր կացա իմ անկողնից և գնացի մայրիկիս մոտ:

Տակավին իմ հոգին չէր հանգստացել նրան պատճառած սարսափից: Մինչև առավոտ ես քնեցի նրա անկողնում՝ վզովը պինդ փաթաթված:

Առավոտյան երբ նայեցի մայրիկիս աչքերին և հոգով ընկղմվեցի նրանց պայծառության մեջ՝ նրա ժպիտն օրորեց իմ հոգին:

***

Մայրս առողջ էր, ժիր և սիրուն:

Մորս հիշելիս՝ ես միշտ հիշում եմ նաև մեր պարտեզի նոճին: Նրան շատ էր նման:

Նա բռնում էր ջրով լցված տաշտը, վեր էր բարձրացնում և, առանց ճիգի, միայն դաստակների ուժով, թափում էր: Մի որևէ սեղան, մի ծանր առարկա տեղափոխելիս՝ չէր կանչի ո՛չ ոքին օգնության: Բոլորն ինքն էր անում, անում էր թեթև, կարծես մի փոքրիկ ճյուղ էր տեղափոխում:

Ծննդաբերությունից միայն կես ժամ առաջ նա հրաժարվում էր աշխատելուց, դեմքի վրա հազիվ նշմարվում էր ցավագին ինչոր ծամածռություն, ապա ժպտում էր ջինջ, գնում, առանձնանում, բռնում կողերը, և ահա ծնված էր լինում մեզանից մեկնումեկը: Ասում էին, որ մեզանից մեկերկուսը դեռ ամբողջովին լույս չտեսած, ոտները մորս մարմնի մեջ, սկսել են ճչալ: Անզուսպ, առողջ մանուկներ, որոնց արյունն այնքան շատ էր լինում երբեմն, որ վախենում էին խեղդվելուց: Մեզանից մեկն այդպես էլ խեղդվել էր մեկերկու ամսական եղած ժամանակ:

Մորս կաթը լինում էր հորդահոս: Գնում էինք, խնդրում կաթ

չունեցող մայրերից, որպեսզի իրենց լղար երեխաները տան մորս կերակրելու:

Ես պայծառորեն հիշում եմ, դեռ 3—4 տարեկան, որ նստում էի մորս գիրկը և սկսում էի ծծել կաթը: Մայրս մի մատով սեղմում էր ստինքը, որպեսզի քթիս փոքրիկ ծակերն ազատվեն շնչելու: Ծծում էի անհագ և փստփստացնելով, ամբողջ հագագս լցվում էր թանձր կաթով: Հիշում եմ մորս ստինքները. սպիտակ, մաքրամաքուր և բուրումնավետ, թուխ և ժիր պտուկներով: Այդ ստինքների համույքը ըմբոշխնել էին մի քանի տղամարդ՝ ես և եղբայրներս:

Մա՜յր, հիշում եմ քո երջանկությունը, մայրական բերկրանքը, երբ ես և եղբայրներս ըմպում էինք կաթը քո մարմնի արևային խորությունից:

Մա՜յր, հիշում եմ քո խարտյաշ աչքերի զայրույթը, երբ նոր բուսած սուր ատամներով ցավացնում էինք ստինքներիդ պտուկները:

Նստել եմ շատ գրկեր, բայց ո՛չ մի գիրկ, մա՜յր, չի օրորել ինձ այնպիսի հեշտանքով, ինչպես քո գրկի քնարը:

Մայրը՝ դա հավիտենական, մշտաթարմ և մշտադալար լիրիկան է, դա ոսկյա ծառն է երկնքի կապույտ դաշտում բուսած:

Ամենամռայլ թախիծն է պատում ինձ այժմ, երբ հիշում եմ, որ մի քանի անգամ կաթկթել են մորս արցունքներն իմ անառակությունների պատճառով:

Ես ուզում եմ, որ այժմ մեկն ինձ դաժան կերպով խոշտանգի այդ անառակությունների համար, որպեսզի հանգստանա իմ թշվառ հոգին, որպեսզի խաղաղի մշտնջենական ողբն իմ ողբագին հոգում:

Իջնում է թանձրակարմիր և մեծաթև մի վերջալույս իմ ճակատի վրա:

Կոծում են հողմերը: Աշխարհը ցուրտ է:

Փակեցե՛ք դուռը աշխարհի դեմ:

Բայց մայրս ժպտում է մեր կապույտ լեռներից բարձրացող արևի միջից, տեսնում եմ նրա ծամերը արևի շողերին խառնված և լսում եմ նրա շողերի ձայնը.

«Տուր թախիծդ ինձ, մանո՛ւկ իմ, ե՛րգն իմ կողերի, ցնծա գարնան մեջ, գարո՛ւն իմ ցնծագին, վազի՛ր բաց և դալար դաշտերում, իմ եղնի՛կ թեթևասույր, սուրա՛ փրփրադեզ ալիքների վրա, ժպտա՛ ինձնից ծծած կաթի մաքրությամբ, ջերմագին է աշխարհը, իմ զավա՛կ, իմ ծա՛ռ երկնասլաց, իմ խնդությո՛ւն, իմ սե՛ր»:

Եվ բացվում է մի մեծ առավոտ, որի թևերը ոսկեզօծում են իմ հոգու մռայլ ափունքները:

Սավառնում է տիեզերական ցնծությունը:

Արևի միջից լսում եմ նրա ձայնը:

Արևը ինքը՝ մայր է խարտյաշ աչքերով և ոսկյա մազերով: Թափվում է կանաչների վրա նրա ոսկեհնչյուն երգը:

Ողջ դալարն է սարսռում, իմ ջերմագին մոր սիրտն է շշնջում բոլոր պարտեզների բոլոր ծաղիկների բաժակներում:

Ըմպում եմ վարդի բույրը, թանձր՝ ինչպես մորս կաթը:

Իջնում է նորից գիշերը, խաղա՛ղ, զովագին և աստղասարսուռ, անհո՛ւն մի գիշեր:

Մայրս գնաց արևի հետ:

Սպասում եմ առավոտին, սպասում եմ, որ մայրս ճչա նորից արևի հակինթյա սրինգով:

Գ

Այստեղ անմիջապես պետք է հիշեմ պապիս՝ մորս հորը:

Հակառակ մորս հեզահամբույր բնավորության՝ պապս խստաբարո մի մարդ էր: Կռվում էր ամենքի հետ, քառասուն տարով քեն էր պահում, բոլորին ծույլ էր անվանում, բայց ինքը, ամբողջ կյանքում, բացարձակապես ոչ մի աշխատանք չէր կատարել, կերել էր իր հոր հարստությունը, մեծագույն մասը փաստաբաններին էր կերցրել իր մի խոսքը անելու համար, և երբ հոր հարստությունը մսխել, վերջացրել էր, որդիներն էին մեծացել և նրանց հաշվին էր ապրում:

Պապիրոսի թղթի վրա առավոտյան գրում էր, թե եթե բազար գնա՝ (եթե գնա) ինչ պիտի առնե: Այդ ցուցակը երեք կամ չորս բանից էր բաղկացած լինում. 2 օխա շաքար, 25 գրեմ զենջեֆիլ, մեկ շիշ քացախ և հաց. բայց այդ համարում էր աշխատանք:

— Կըսին քի գործ չեմ ըներ, էսի գործ չէ՞...— հարց էր տալիս մեկնումեկին և ցույց տալիս պապիրոսի թղթի վրայի ցուցակը:

Ձին նստել և այգի գնալ գալն էլ աշխատանք էր համարում, որովհետև պահապանին մի քանի հայհոյանք տված կլիներ: Եկեղեցի գնալը, աղոթք անելը և տերտերին հայհոյելն էլ աշխատանք էր և գերաշխատանք, եթե սկանդալը մեծ էր լինում:

Իր հարազատներից և ծանոթներից ոչ ոքին իսկական անունով չէր կանչում՝ «շունը, քյոփակը, սև կատուն, փոթոն, աղվեսի պոչը, սատանի քիթը, քելը, փիսը, թուլ բերանը, կախ կոկովը, փաթլախը, քոռը»— և այսպես անվերջ ածականներ: Օրինակի համար, իմ մասին խոսելիս՝ ասում էր.

— Մեր կապույտ շունը:

Եկեղեցում, երբ քահանան տեսներ, որ հաջի Առաքել աղան եկեղեցումն է, ոչ մի աղոթք չէր կրճատում, որովհետև պապս, նույն հաջի Առաքել աղան, իր կանգնած տեղից բարձրաձայն շարունակում էր կրճատված աղոթքը: Պատահեց մի անգամ, որ քահանան, գիտենալով հանդերձ, որ հաջի Առաքել աղան եկեղեցումն է, կրճատեց մի աղոթք, պապս շարունակեց, քահանան ականջ չկախեց, պապս ավելի բարձրաձայն և ավելի համառորեն շարունակեց, խանգարելով քահանայի մտադրությունը՝ այդ օրը մի քիչ ավելի շուտ վերջացնելու ժամերգությունը: Բայց սրանով չվերջացավ, պապս սպասեց, որ քահանան դուրս գա եկեղեցուց:

— Էկեր պատարագիչ չըլլեիր, ոտիս տակը կառնեի քեզ, շո՛ւն շան որդի:

Ապա ժամկոչին նկատողություն էր անում, որ զանգը քիչ տվեց, լուսարարին հայհոյում էր, որ եկեղեցու մեջտեղի կանթեղը շուտ պրծավ, և այլն:

Տուն վերադարձին, տան բոլոր անդամների բերաններից հոտ էր քաշում, թե պատարագից առաջ բան կերե՞լ են: Ամեն մեկին կանչում էր թե՝ — Հո՛ըրե:

«Հո» էինք անում և ուտում ապտակը. ո՞վ կարող էր բան չուտել մինչև պատարագի վերջը:

Մենք կաղամբը հում էլ ուտում էինք, որովհետև քաղցր էր լինում, ճիշտ մրգի նման բերում էին սեղան, ջարդված:

Մի անգամ ծառան շուկայից կաղամբի մի գլուխ էր բերել: Մորեղբայրներից մեկը՝ Պարթևը, ճանկեց կաղամբը և ուզեց մի կտոր պոկել: Պապս նրան սաստեց, որ «մինչև սեղան չի գա, չի պտի ուտես»:

Բացի սաստելուց, նրա թաթիկին մի հատ էլ խփեց, բայց երբ կաղամբը ջարդեցին և բերին սեղան, Պարթևը հրաժարվեց ուտելուց: Պապս հրամայեց նրան ուտել, նա համառորեն հրաժարվեց: Այս անգամ պապս բռնի մի կտոր կոխեց նրա բերանը և սկսեց խփել գլխին:

— Սատկես նե՝ տը՛ուտես:

Պարթևը ցավից սկսեց լաց լինել և ճչալ կաղամբի խոշոր կտորը բերանում:

— Հաջի՛ աղա, կուտե, հաջի՛ աղա, կուտե,— աղաչում էր տատս, բայց հաջի աղան խփում էր Պարթևին և գոռում.

— Ուտելու խշրտոցը տի լսիմ...

Եվ Պարթևը հարվածներից ազատվելու համար սկսեց կես լաց լինել ու կես ուտել, և պապս հանգստացավ՝ լսելով կաղամբի՝ ատամների տակ տրորվելու յուրահատուկ խշրտոցը:

Պապիս բեղերն այնքան երկար էին, որ հասնում էին մինչև ականջները: Նա խորագույն հպարտությամբ դիտում էր այդ բեղերը հայելու մեջ. ամեն անգամ ամեն մի պոչը երեքերեք անգամ շոյում էր և հեռանում հայելուց:

Սովորություն ուներ նա, որ երբ Ամերիկայից նամակ էր ստանում, անպայման ծրարը պետք է մկրատով կտրեր բանալու համար: Տատս անհամբերությամբ, և երբեմն արցունքոտ աչքերով, սպասում էր իր պանդուխտ որդիներից մեկի նամակի ընթերցման, բայց պապս անասնական համառությամբ չէր բաց անում, մինչև մկրատը գտներ, իսկ եթե մկրատն օրերով չգտներ, օրերով չէր բաց անում: Բանալուց հետո էլ՝ երկար բարակ ակնոցն էր մաքրում, սիգարեթը փաթաթում, մոխրաման բերում, դնում իր առաջը, մի օղի էր ճնկում, հազում էր, թքում և ապա սկսում էր կարդալ: Սկսում էր կարդալ ոչ թե բարձրաձայն, այլ իր համար, ինչպես ինքն էր ասում, կարդում էր թիվ, որպեսզի «պարունակության վերահասու ըլլա» և հետո դարձնի ընտանիքի մյուս անդամների սեփականություն:

Երբ տատս կենում և սպասում էր, որ վերջապես վերջանան այդ դաժան գործողությունները, պապս ասում էր.

— Գնա կերակուրդ եփե, վերջը եկո՛:

Տատս փափուկ, սպիտակ ձեռներով, փոքրիկ մի կին էր, խոշոր, սև աչքերով, միշտ ժպտուն, միշտ հեզահամբույր և չափազանց մաքրասեր: Նրանից միշտ մենք առնում էինք մաքուր սպիտակեղենի զգլխիչ հոտը: Խոսում էր մանտրմանտր, ախորժելի և խելոք:

Ամառը նա սիրում էր նստել պատշգամբր, որի առաջը փռվում էր աստիճանավոր պարտեզը, պարտեզի տակով անցնում էր անվերջ ջրվեժներով մեծ առուն: Առուն գալիս էր բարձրից և խոր ձորերով գնում էր դեպի զմայլելի դաշտը: Երբ ծառերի տերևները շարժվում էին, և Խուրայի սարից փչում էր զով քամին, տատս մանրիկ բերանով մրմնջում էր.

— Օ՛խ, ակդ սիրեմ:

Այս երկու հակադրություններն ինչպե՞ս էին ապրել իրար հետ ողջ 41 տարի. ահա այն դարավոր զազիր օրենքի գաղտնիքը, որ հրամայում է՝ «Կին, եղի՛ր հնազանդ քո ամուսնուն»:

Մի գիշեր պապս երազ էր տեսել, որ մառանի հատակին, մի արշին խորության, ապուպապերից թաղված է եղել մի կճուճ լիքը ոսկի: Այդ երազից հետո զաթնեց և զարթեցրեց բոլորիս ու կարգադրեց, որ մառանի ճիշտ մեջտեղը փորենք: Սկսեցինք փորել սարսափելի կարծր հատակը, և իսկապես մոտավորապես մի արշին խորությունից երևաց կճուճը: Հենց որ պապս կճուճը տեսավ, ուրախությունից ուշաթափվեց: Տասը հոգով հազիվ կարողացանք նրան բարձրացնել վերի հարկի ննջասենյակը: Հիշում եմ, մի թևը ես էի բռնել, որպեսզի կախ չընկնի, և այդ թևն անգամ ծանր էր ինձ համար: Առավոտյան ուշքի եկավ: Ուշքի գալուն պես կճուճն ուզեց: Բերին: Կճուճը բոլորովին դատարկ էր: Երբ տեսավ, որ դատարկ է, նորից ուշաթափվեց, և այս անգամ տևեց երկար: Հարկ եղավ բժիշկների միջամտությունը՝ ուշքի բերելու համար:

Պապս, իր ամբողջ կյանքում, չընդունեց ո՛չ մի սխալ: Հավատում էր, որ ինքը երբեք ոչ մի սխալ չէր գործել: Երբ տատս հիշեցնում էր նրան իր անվերջ դատավարությունները, փուճ համառությունը, պապս պատասխանում էր.

— Էկեր նորեն աշխարք գամ, նորեն տի էնիմ:

Ոչ ոքից խորհուրդ չէր հարցնում, բայց ինքը պահանջում էր, որ ամեն մի ծանոթ գա և իրեն խորհուրդ հարցնի: Պապս ի՞նչ հիմք ուներ այս բոլորի համար: Խելո՞ք էր: Ո՛չ: Պարզապես հաջի Առաքել աղան էր: Ուրիշ ոչինչ: Իսկ այդ հաջի Առաքել աղան ի՞նչ բան էր: Կատարյալ ոչինչ: Իբրև նախկին հարուստի զավակ՝ ստացել էր այդ ամբարտավանությունը և տրադիցիայով շարունակում էր այդ ոսկեզօծ ամբարտավանությունը:

Եթե մեկնումեկը պատահաբար խորհուրդ տար նրան, թեկուզ մի հասարակ բանի համար, և եթե մինչև անգամ ինքն էլ ներքուստ համոզված լիներ, որ խորհուրդը ճիշտ է և օգտակար, չէր լսի: Ինչպե՞ս, հաջի Առաքել աղան ուրիշին լսի՛ . . .

Լավ հիշում եմ, մի օր պապս բարձրացել էր սանդուղքների վրա և ուզում էր մի մեծ մեխ խփել պատին: Ինչոր մի բան էին ուզում կախ տալ: Տատս ցանկանում էր, որ մեխն ամուր խփվի, Բայց որպեսզի ամուր խփել տա, ներքնից պապլիս խորհուրդ տվեց մեխը թույլ խփել: Պապս, հակառակն անելու համար, ամբողջ ուժով խփեց մեխին, և մեխը գրեթե թաղվեց պատի մեջ, այսպիսով, տատս անել տվեց իր ցանկացածը և քթի տակ մանրիկ ժպտաց:

Եթե տատս ցանկանար գնալ մի որևէ ամառանոց, ձմեռվանից սկսում էր դեմ խոսել այդ ամառանոցին:

— Էդ ըլ տե՞ղ է, որ կերթան, տաք, մարդ կը խաշի:

Երբ ամառը գալիս էր, պապս տատիս տանում էր այն ամառանոցը, որի դեմ տատս ձմեռը խոսում էր:

Այսպիսով, կատարվում էր տատիս ցանկությունը:

Եվ տատս ոչ միայն այս բանում, այլև ամեն բանում կիրառում էր այդ մեթոդը և կոտրում պապիս պողպատյա կամքը:

Դ

Ես ունեի մի պառավ հորաքույր:

Նա ամեն տեղ էր՝ մեռելատանը, հարսանիքներում, կռվի ու բամբասանքի մեջ, շուկայում, տանիքի վրա, աղբյուրը, պարտեզում, հիվանդի գլխի վրա, տղացկան մոր ոտների տակ, ժառանգությունների բաժանման մեջ, նշանտուքի և խոսկապի մթին ցանցերում:

Նա մի կին էր, որ երբեք չէր սիրել: Նրա արտահայտությունը նման էր այն էգ կատվին, որ մայիսն առանց արու կատվի անցկացնելուց հետո, ման էր գալիս կտուրներն ու տան անկյունները քաղցած վագրի հայացքով, փայլփլուն աչքերով և ամեն մի առիթից պատրաստ փչտացնելու և ցցելու ստնները:

Հորաքույրս անց էր կացրել ոչ թե մի մայիս, այլ 65 մայիս առանց արուի, և ման էր գալիս մեր տանը և փողոցներում դառնացած, օրերի, իրերի և մարդկանց դեմ չարացած:

Պարտված այս կինը թշնամի էր ընտանեկան խաղաղության:

Մարմնի բոլոր մասերը ճչում էին դառնություն:

Նա ձմեռները կաղ էր, ամառները՝ առողջ:

— Ինչպե՞ս է, մայրիկ, որ հորաքուրիս ոսկորները ամառները կշտկին և ձմեռները կծռին,— մի օր հարցրի մորս:

— Ձմեռը ջղերը ցուրտեն կքաշվին,— պատասխանեց մայրս,— ամառները կթուլնան:

Ջիղը՝ ահա իմ հորաքրոջ էությունը:

Ջիղը միայն սրունքների վրա չէր, որ ազդում էր, ջիղն էր, որ կառավարում էր նրա մարդկային ողջ կյանքը:

Սև, չորացած մարմին ուներ, գլխի վրա կարճ և նոսրացած մազերով, աչքերը խավարակուռ գիշերվա նման խոր, մատները երկար, լղար և ուռած երակներով, ճակատը ծուռ, կուրծքը ներս ընկած, փորը— բայց, փոր չուներ, կրծքի անմիջապես տակից սկսում էին նրա սրունքները, որոնք այնքան էլ երկար վար չէին վազում, շուտով հասնում էին գետին: Ուսերի վրա ցցվում էր սրածայր գլուխը՝ առանց վզի, քթի վերևը, աչքերի սրածայրությունից սեղմված, քիթը— վերևում բռնադատված լինելով նեղանալու՝ ներքևում ընդարձակվում էր, որի գագաթն ամեն ամիս կարմրում էր, ուռչում, դեղնում և հուսկ ապա՝ պայթում:

Դժվար թե կարելի լինի նկարագրել նրա բերանը, որովհետև մշտական ձև չուներ: Եթե տանն էր, ընտանիքի անդամների ներկայության, ուրիշ ձև ուներ, եթե հյուրեր գային, տարբեր ձև էր ընդունում, հորս ներկայության՝ տարբեր (զսպված և կծկված), բամբասանք արած ժամանակ արտակարգ մեծանում էր: Վա՛յ թե քներ, այգ ժամանակ բերանն իրանը չէր— մի անտեր և ավերակ խոռոչ, ուր ամեն ինչ մտնում, ելնում էր: Այդ ավերակ խոռոչից դուրս էին ցցվում նրա իրարից հեռու երեք ատամները՝ ինչպես ցամաք նետված հին և խորտակված նավի կայմեր:

Հագուստը միշտ հին էր:

Երջանիկ էր նա ցնցոտիներում:

Նա դեմ էր մինչև անգամ բնության շռայլության:

Ատում էր լավ հագնվողներին, ատում էր մանավանդ գեղեցիկ կանանց:

Հիշում եմ նրա կարկատանները, խունացած վերարկուն, հազար ու մի գույնզգույն կտորներով կպցրած շապիկը, մանավանդ գլխի շալը, որը մի հիմար անգլիացի փորձեց գնել՝ իբրև անտիկ ձեռագործ:

***

Հորաքույրս ընկույզից շինած մի խոշոր սնդուկ ուներ (երեք հոգի կարող էին ծալապատիկ նստել մեջը, որի բովանդակությունը դժվար թե ես այժմ կարողանամ վերհիշել:

Այդ սնդուկում կային 50 տարվա հին սիստեմի կարված մետաքսե շորեր, կոշիկներ, զանազան գույնի կոճի և խառնված թելեր, երեսի սրբիչներ, ծածկոցներ, գուլպաներ, գլխանոցներ, վարտիքներ, շապիկներ, ասեղ, գնդասեղ, զանազան որակի կերպասի կտորներ, հին ոսկիներ, մարգարիտներ, գոհարներ, փոքրիկ խալիչաներ, արծաթե թաս, չիբուխներ, համրիչներ, գոտիներ, օղեկոլոնի շշեր, պատկերներ, շրջանակներ, հին դրամներ, ոսկեկոթ գրիչներ, թանաքամաններ, հին Ավետարաններ, երուսաղեմյան խաչեր, կոճակներ, գդակներ, ֆեսի ծոպեր, մատնոցներ և այլն... Իսկ նա ապրում էր փառահեղ ցնցոտիներում, հագնում էր այնպիսի գուլպաներ, որոնք 30 տարուց ի վեր կարկատում էր, այնքան էին հաստացել, որ ոչ մի կոշիկի մեջ չէին մտնում:

***

Որդուն չէր պսակել, որպեսզի քաղաքում խոսքզրույց չլինի, իսկ աղջկան էլ տեսնող չէր եղել, որ ուզեր:

Մայրը նրան տարին մի անգամ միայն դուրս էր հանում, այդ էլ միայն եկեղեցի տանելու համար: Կանգնեցնում էր վերնատան ետևը, թույլ տալով միայն, որ քթի մի մասը և երկու աչքերի միայն մեկն ազատագրի երեսի քողից:

Հորաքույրս դիտմամբ երևակայում էր, որ Եղիս խանումը միտք ունի Գուվար խանումի աղջիկն ուզելու որդու համար: Հորաքույրս սկսում էր բամբասել Գուվարի աղջկան, որին բաղնիսում տեսել էր բոլորովին մերկ:

— Կռնակի վրա երկու դանակի նշան կա, ով գիտե ի՞նչ հիվանդություն ունի, չըլլի թե Սմբատիդ համար ուզես,— բամբասում էր հորաքույրս:

— Սմբատս հալա կարգվելու չէ,— պատասխանում էր Եղիս խանումը:

Իսկ Սմբատը 40 տարեկան էր:

— Պարտք սեպեցի քըզի ըսիմ,— ավելացնում էր հորաքույրս:

Մտնում էր ուրիշ տուն:

— Հազարխան խանումի աղջիկը ճովները (սրունքները) դեղ կքսեր, հալբեթ հիվանդություն ունի:

Մի ուրիշ տեղ՝ մի աղջկա մասին:

— Երեսը տեղն է, բայց մարմինը չորտոտ, իմ մարմինս քեզ օրինակ:

Մի ուրիշի մասին.

— Մարմնի վրա տղամարդու պես մազ ունի: Սիրտս խառնեց:

Այսպես անվերջ, առանց հոգնելու, առանց հազենալու:

Մի օր բաղնիսի դրսի ընդհանուր սրահից մի կին ներս մտավ մեր լողանալու բաժինը և խնդրեց մորիցս, որ թույլ տա այստեղ լողանալու:

Կինն սկսեց լողանալ մորս թույլտվությամբ:

Մայրս գնաց դուրս:

Հորաքույրս եկավ և հրամայեց կնոջ, որ անմիջապես դուրս ելնի:

— Վարթեր խաթուն,— ասաց Օղաբեր խաթունը,— Մարգարիտ խանումը հրաման տվեց:

— Խանումմանում չեմ ճանչնար, գնա՛ դուրս,— հրամայեց հորաքույրս:

Օղաբերը զայրացավ: Սա էլ մեղմ կանանցից չէր:

Սկսեցին իրարու խոսքեր կանչել— գնա, չեմ գնա, դուն ո՞ր շուն ես, հալա կհաչես— դիպան իրար:

Օղաբերի ազգականները հավաքվեցին, բացվեց տրագիկոմեդիայի վարագույրը:

Օղաբերը և նրա մի քանի ազգականները վար առին իրենց եվայնությունը ծածկող շորերը, բաղնիսի ծանր թասերը փաթաթեցին մեջը և հորաքրոջս ձգեցին մեջտեղը:

Ճարպոտ կանաց ծծերը, կատաղած փոքրիկ շների գլուխների նման սկսեցին վերվար ելնել և իջնել:

Մեկի ոտը սլլաց, ամբողջ հասակովը փռվեց սալահատակին, մսերը ճխլվեցին, բայց ոտի կանգնեց ավելի կատաղած:

Հորաքույրս թասի հարվածներին պատասխանում էր բաղնիսի աթոռով, խփում էր ծնկներին և ոտի ոսկորներին: Հարված ուտողներն աղիողորմ ճչում էին և ուշաթափվում: Վերջին ճիգով հորաքույրս նետեց աթոռը, ճեղքեց Օղաբերի ծծերից մեկը և ինքն էլ ուշաթափվեց: Մայրս վրա պրծավ և դադարեցրեց կռիվը: Ես շուտով հագնվեցի, որ գնամ և կառք բերեմ հորաքրոջս տուն փոխադրելու համար:

Ե

Մեր տան գլխավոր ծառայի անունը Գրիգոր էր, բայց մենք կարճ՝ Գոգո էինք կանչում:

Գոգոն տնից դուրս, հարևանների համար, մեր տան ծառան էր, բայց իսկապես նա մեր տան դիրեկտորն էր, ինչպես հայրս էր ասում:

Գոգոն միջահասակ մի մարդ էր, կարմրած աչքերով, լայն, հզոր ուսերով, խոշոր ոտներով, ծանրաշարժ, ֆեսի բոլորտիքը մի չիթ կապած, որը ծածկում էր ճակատի կեսը: Նա դրսից բանջարեղեն և միս էր բերում տուն, պարտեզն էր խնամում, հորից ջուր էր քաշում, բաղնիսր բոխչա էր տանում, ձմեռը տանիքից ձյունն էր թափում, աղբ բերողի հետ պայման էր կնքում, միսն էր ծեծում և այլն, և այլն:

Այս բոլորից բացի (այստեղից էլ նրա դիրեկտորի կոչումը), նա ջոկում էր կատարում տան հյուրերի մեջ: Իր չսիրած մարդուն պարզապես նա ասում էր.

— Քու աֆաթդ ինձ շատ խոշ չի գար, այս տեղերը շատ մի քըսվռտվիր:

Հայրս նրան սաստում էր, որ իր գործերին միայն նայի և «քիթը չխոթէ ուրիշի գործերուն» մեջ, բայց Գոգոն համառությամբ շարունակում էր:

Նա գտնում էր, որ դա իր գործն է:

Հայրս պատվիրում էր նրան գնալ և, օրինակի համար, կանչել Մարտիրոս էֆենդուն՝ նարդի խաղալու: Մարտիրոս էֆենդին Գոգոյի չսիրած տիպերից էր, բայց միաժամանակ չէր ուզում, որ հորս կամքի դեմ ըմբոստացած լինի և գնում էր, գնում էր ոչ թե Մարտիրոս էֆենդուն գտնելու, այլ բազարում մի քիչ ման գալու, վերադառնալու և ասելու:

— Մարտիրոս էֆենդին տուն չէր:

Գոգոն մեր տանն ապրել էր 35 տարի: Եվ այդ երկար ժամանակը նրան իրավունք էր ավել հսկելու այդ տանը՝ ամբողջական սրտով և հոգով: Մեր տնից աղջիկ տանողը՝ նրան էլ պետք է հարցներ, եթե տունը նոր հարս բերեինք՝ նա էլ պետք է զնար և հավաներ:

Տան բոլոր տնտեսությունը հանձնված էր նրա խղճին և խելքին: Ամեն քարի կտորի, տաշեղի, կարտոֆիլի և սոխի գլխի համար նա ցուցաբերում էր խորը հոգատարություն:

Մի օր Գոգոն տուն եկավ և տեսավ, որ հայրս վարպետներ է ուղարկել ամբողջ սենյակները սպիտակեցնելու համար: Գոգոն նախ զայրացավ, որ առանց իրեն հարցնելու էր կատարվել այդ, երկրորդ նա հարցուփորձեց և գտավ, որ կարելի էր մի քիչ ավելի էժան վարձել վարպետներին: Մի քիչ մտածելուց հետո՝ նա վճռականորեն ետ ուղարկեց վարպետներին և ուրիշներին բերեց ավելի էժան, առանց նկատի առնելու, որ հայրս պայմանավորված էր նախկին վարպետների հետ:

Գարնան, երբ կովը սկսում էր բառաչել և մինչև անգամ գիշերները չէր թույլ տալիս, որ քնենք, հայրս կանչում էր Գոգոյին և պատվիրում, որ կովի մասին մտածի: Գոգոն ծիծաղկոտն ախորժակով քաշում էր և պատասխանում. — Հաջի էֆենդի, քիչ մըլ թող կատղի...

Եվ մի քանի օր էլ թողնելով, որ կովը կատաղի, քաշում էր դուրս, տանում էր Մոքենիկ գյուղը՝ եզների կլասիկ հայրենիքը, որպեսզի անասունի կատաղությունը մեղմացնել տա:

Եվ իսկապես, Գոգոն կովը վերադարձնում էր գյուղից՝ հանգստացած և մինչև անգամ լրջացած:

Երբ տուն էր հասցնում կովը, նա անմիջապես մտնում էր հավաբույնը, մի թարմ ձու վերցնում, բերում ու խփում կովի ճակատին, ամբողջ դեղնուցը քսելով կովի դեմքին: Դա տեղական սովորություն էր, որ բարի նշանակություն ուներ:

Մեզանից ո՛չ ոք իրավունք չուներ այգուց որևէ բան քաղելու, պոկելու: Այգու բացարձակ տերն էր Գոգոն:

Հանկարծ պատահում էր, որ դրսից մեկնումեկը մի քար էր նետում

պարտեզի պարսպից դուրս ընկած՝ ծանրորեն բեռնավորված մի ծառի ճյուղքին: Դա նշանակում էր արյունով գունավորված կռիվ: Գոգոն կատաղում էր այնքան, որ բերանից փրփուր էր դուրս գալիս. աղմուկ, իրարանցում, կոկորդկոկորդի, և շատ անդամ քիթըբերանը ջարդվում էին: Մայրս մեղքանում էր, գորովանքով մոտենում էր նրան և մեղմագին ասում.

— Թող քիչ մ՛ըլ քաղենտանեն, ձայն մի հաներ, ատով մեր պտո՞ւղը կպակսի:

— Խանըմ,— պատասխանում էր փայլակնացայտ աչքերով,— յա ես ծառներուն տակը կատկիմ, յա անոնք ծառներից հեռու կը կենան:

Մեզանից ոչ ոք այնքան չէր սիրում ու գուրգուրում մեր տունը, որքան Գոգոն:

Երեկոները մտնում էր մեր ննջասենյակը և հանգցնելով լույսը՝ հայտարարում էր.

— Ուշ է, հայտե՛, պառկեց եք, առտըվանց մինչև արևը պորտերնուդ վրա չիյնա՝ չեք արթննար:

Մենք հնազանդվում էինք, որովհետև նա կարող էր և իրավունք էր տրված նրան՝ ապտակել:

Գոգոն սաստիկ ջղայնանում էր, երբ սպիտակ պատերի վրա մատիտի խզբզոցներ էր գտնում և եղունգի քերծվածքներ: Նա քննության էր ենթարկում բոլորիս մատիտներն ու եղունգները և վերջապես գտնում էր հանցանքի հեղինակին: Հեղինակը գտնելուց հետո՝ գալիս էր հեղինակավոր ապտակը:

Ամեն աշնան Գոգոն գումարում էր ժողով մորս հետ՝ ձմեռվա տան պաշարը հոգալու համար: Որքան որ մայրս պնդում էր յուղի, բրնձի կամ մի այլ կենսամթերքի այսինչ չափը քիչ է, Գոգոն պնդում էր իր ասածի չափի վրա.

— Հարկավոր է խնայողություն, խանըմ:

Եվ անպայման անցնում էր Գոգոյի տեսակետը:

Գոգոն ամուսնացած էր, բայց կինը մեր տան մեջ չէր ապրում: Կինն ապրում էր գյուղում, որովհետև այնտեղ ուներ մի փոքրիկ տնտեսություն: Տարին մի կամ երկու անգամ նա գալիս էր գյուղից, և նրան տեսնում էին միայն մայրս ու տան փոքրերը, ոչ հորս էր երևում, ոչ էլ մեծ եղբորս— ամոթ էր: Գոգոյի կինը կարմիրճակնդեղի կարմիր երեսով, կլոր, գեր և կարճահասակ մի կին էր, որին տրված հարցումներին կա՛մ գլխի շարժումով էր պատասխանում և կամ միավանկով: Գոգոն մեր տան մեջ գրեթե հետը չէր խոսում, միայն պաշտոնական հարցեր էր տալիս— գլխավորապես տան և տնտեսության մասին— և ապա լռում: Ավելորդ խոսակցություն անելը համարվում էր ամոթ:

Պատահում էր (երբ կինը գյուղումն էր լինում), որ Գոգոն սկսում էր առանց պատճառի ջղայնանալ— գոռում էր, ամաններ էր կոտրատում, կովին քացի էր տալիս և այլն: Հայրս այդ ժամանակները կանչում էր մորս և նրա հետ մի փոքրիկ խոսակցություն էր ունենում այդ մասին:

— Մարգրիտ,— ասում էր հայրս,— էդ մարդը նորեն կատղեր է, աչքերը չաթալ կտեսնեն կոր, գեղ ուղարկե՛, երթա, հանգստանա, գա:

Մայրս համաձայնում էր հորս հետ, և հաջորդ օրը Գոգոն նստում էր էշը և գնում գյուղ մի քանի օրով: Եվ վերադառնում էր Գոգոն աչքերի բոլորովին այլ արտահայտություններով, մեղմացած, ժպտուն, բարյացակամ, եթե ամբողջ գիշերը լույսը վառ պահեինք՝ չէր նեղանա, մինչև անգամ փոքրիկներիս վերցնում էր իր ուսերի վրա և ման ածում: Այն ժամանակ ես ոչինչ չէի հասկանում, այժմ եմ հասկանում նրա տրամադրության հեղաշրջման պատճառը:

Երբ Գոգոն նորից էր սկսում ջղայնանալ, կատաղել և մեզ տված ապտակները շատացնել՝ մենք փոքրերս անգամ, գնում խնդրում էինք մայրիկից:

— Գոգոն գեղ ղրկեցե՛ք, ի՞նչ կըլլի, նորեն սկսեր է մեզ ծեծել:

Մայրս քթի տակ մեղմորեն ժպտում էր և, այս անգամ, առանց հորս թելադրանքին, Գոգոյին ուղարկում էր գյուղը: Այդ բանի համար մենք չափազանց ուրախանում էինք, նախ՝ մի քանի օր բացակա էր լինում տնից և երկրորդ գալուց հետո էլ անսահման բարի էր լինում:

Անցնում էր միաժամանակ, նորից Գոգոյի աչքերն սկսում էին չաթալ տեսնել, սրտնեղություն անսահման:

— Մայրիկ, ղրկեցե՛ք Գոգոն տուն...

— Շատ գործ ունի, օղո՛ւլ, ամեն ատեն գեղ երթա՞լ կըլլի:

— Ի՞նչ կըլլի, ղրկե՛...

Եվ Գոգոն նորից էր գնում և վերադառնում բարի:

Այդ բարի օրերից մեկում Գոգոն փրկեց իմ կյանքը կամ առնվազն՝ հաշմանդամ լինելուց:

Մեր տան դահլիճի առաստաղի վրա կար մի արձանագրոություն, որը գրված էր տունը կառուցելու ժամանակ: Այդ արձանագրությունը հետևյալն էր.

«Որդիքս Հակոբ, Գևորգ, Լևոն
Ժառանգորդք են տանս այսորիկ»:

Որովհետև տան կառուցված ժամանակը ես ծնված չէի, ուստի իմ անունս արձանագրության մեջ չկար: Մի օր ես այնպես մտածեցի, որ եթե իմ անունը չկա, ուրեմն ես չեմ կարող ժառանգորդ լինել «տանս այսորիկ»: Ներքևի հարկից, զաղտնի, վեր հանեցի եռոտանին և բարձրացա վրան, որպեսզի իմ անունը ես ավելացնեմ ժառանգորդների ցանկում: Դեռևս գրելու գործողությունը չէի սկսել, երբ եռոտանին սկսեց երերալ և ծռվել: Բարեբախտաբար, արձանագրությու ից քիչ հեռու կար մի մեծ կեռ երկաթ, որից ձմեռը մեծ լամպն էին կախում, բռնեցի այդ կեռ երկաթը, եռոտանին մնաց ոտներիս տակը, բայց անկարելի էր ցած իջնել, որովհետև եթե երկաթը թողնեի, եռոտանին պետք էր կործանվեր: Սկսեցի ճչալ ահ ու սարսափով: Գոգոն, լսելով աղիողորմ ճչոցս, անմիջապես վազեց վեր և շուտափույթ ըմբռնելով կացությունը, բռնեց եռոտանին ու ես, առանց վախի, սկսեցի ցած իջնել:

Հատակին հասա չհասա, Գոգոն ապտակ տվեց երեսիս և՝

— Չանզալը չի ձգած ինչո՞ւ ես վեր ելեր...

Ես զոհ մնացի այդ ապտակից:

Երեկոյան հայրս ինձ նստեցրեց իր ծնկանը և շոյելով ոսկեգույն մազերս՝ հարցրեց.

— Ինչո՞ւ էիր վեր ելեր:

Հորս փայփայանքից ոգևորված՝ անկեղծորեն ասացի նպատակս: Հայրս կուշտ ծիծաղեց և բոլորի ներկայության հայտարարեց.

— Իմ բյություն հարստությունն իմ պստիկ յավրուինս է, իսկ աս տունը, իմ մահես վերջը, բոլորիդ կըսեմ, կուտաք այս յավրուիս:

Հորս մահից տարիներ հետո, երբ հարկ եղավ հորս հարստությունը բաժանել, իմ բացակայության, մայրս առաջարկել էր, որ այդ տունը, առանց որևէ վիճակ ձգելու և վեճի, ինձ տրվի՝ հարգելու համար հորս ասած ամեն մի խոսքը, թեկուզ այն ժամանակ կատակով ասած:

Այդ տունը ես ժառանգեցի, որի ոչ մի արձանագրության մեջ իմ անունս չկար:

***

Հորս մահից հետո Գոգոն ավելի անսահման, ավելի միստիկական սիրով կապվեց մեր տանը, բայց միաժամանակ փոխվեցին հարաբերությունները: Մորս և Գոգոյի հարաբերությունները մնացին նույնը, բայց եղբայրներիս և Գոգոյի՝ հիմնովին փոխվեցին: Բացի մեծ եղբորիցս, մյուս եղբայրներիս քթի տակն էլ սկսեցին սևին տալ և ավելի խորը զգացին, որ «ժառանգորդք են տանս այսորիկ»: Նրանք սկսեցին ըմբոստության նշաններ ցույց տալ Գոգոյի բռնապետության դեմ, սկսեցին ծաղրել նրա դիրեկտորությունը, բայց Գոգոն երկար ժամանակ չլսելու և չտեսնելու էր տալիս, որովհետև մայրս ասում էր.

— Չոճուխն եր են, անկաճ մի կախեր:

Այնուամենայնիվ, Գոգոն երկար չհամբերեց հեգնանքներին և մի օր տղերանց մեկին հայտարարեց.

— Ծո, խնլո՛տ, քեզ էնֆիեի[8] պես քիթս կքաշիմ:

Այս առիթ տվեց, որ հարաբերություններն ավելի սրվեն, մանավանդ նրա և Լևոնի միջև:

Մի օր էլ Լևոնն իր դասընկերներին հավաքել էր և բերել լցրել մեր դահլիճը՝ զվարճանալու համար:

Գոգոն պատվիրեց Լևոնին, որ 10—12 տղաներ, բոլորն էլ իրեն նման պատանի և չար, անհարմար է դահլիճում զվարճանալ, ավելի լավ է գնալ պարտեզ և զվարճանալ մարզագետնի վրա, խոստացավ նրանց բերել աթոռ և օշարակ: Լևոնն ընդդիմացավ այս կարգադրության, որովհետև Գոգոն էր արել.

— Չե՛մ երթա:

Գոգոն պատրաստվեց կոտրել Լևոնի համառությունը, մանավանդ տեսնում էր, որ վերջերս խորտակվում էր իր հեղինակությունը մեր տան մեջ, որտեղ արդեն 40 տարի էր, ինչ իշխում էր, բայց մայրս մոտեցավ նրան և զսպեց.

— Անկաճ մի կախեր, թող երթան:

— Դուն ես մեջքս կոտրողը, խանըմ,— հառաչեց Գոգոն:

Տղաներն սկսեցին իրենց զվարճությունները դահլիճում, զվարճություններ, որոնք ուրիշ բան չէին, եթե ոչ անկրթություններ՝ ծխել, ծխախոտի քիթերը նետել հատակին, գորգերը տակնուվրա անել, բարձերն իրար նետել և վերջապես հայելին կոտրել:

Գոգոն երկար ժամանակ լսում էր աղմուկը, բայց զսպում էր իրեն, մայրս այդպես էր պատվիրել, բայց երբ զգաց, որ դահլիճը գլխիվայր էր դառնում, բարձրացավ դահլիճը և բոլորին մեկիկմեկիկ դուրս վռնդեց:

Լևոնն ամոթահար և անկարող՝ սկսեց շրթունքները կծոտել: Հորս

[8] բուռնոթի, քթախոտ

ողջության անպայման կտաներ այս ամոթահա–րությունը, բայց նրա մահից հետո՝ երբեք:

— Այս տանը տերերեն մեկը ես իմ, ծառան իրավունք չունի խառնվելու, — գոռաց Լևոնը, երբ ընկերներն արդեն տնից հեռացել էին:

— Մեկն էլ ե՛ս իմ, — պատասխանեց Գոզոն:

— Դուն չես:

— Ե՛ս իմ:

— Դուրս պիտի ելլաս տունեն, — գոռաց Լևոնը:

Այս առաջին «պետական հարվածն» էր ընդդեմ Գոզոյի իշխանության:

Գոզոն լռեց: Լռեց ո՛չ թե նրա համար, որ չէր կարող պատասխանել, այլ լցվեց դառն վշտով. 40 տարի հավատարմությամբ, գերագույն ազնվությամբ, բարձրագույն անկեղծությամբ ծառայել էր այդ տանը, հենց իրեն՝ Լևոնին, մեծացրել էր իր թևերի և ուսերի վրա և հանկարծ այս անլուր կոպտությունը: Վիշտը կաթիլ առ կաթիլ լցվեց նրա աչքերում, դեմքի ամեն մի խորշոմում, ամեն մի կնճիռում, վիշտ, որ ծովանում է մարդու դեմքի վրա սրտի կոտրվելուց:

Լևոնը շարունակում էր գոռալ.

— Դուրս պիտի ելլա տունեն:

Մեծ եղբայրս՝ Հակոբը, միջամտեց, ուզեց լռեցնել Լևոնին, բայց Լևոնը զգացնել տվեց, որ «Հակոբ, Գևորգ և Լևոն ժառանգորդք են տանս այսորիկ»:

Մայրս այս անգամ միջամտեց, վերին աստիճանի զոհ լինելով, որ Գոզոն լռություն և պաղարյունություն պահպանեց:

Մայրս սկզբում մեղմ սկսեց, ուզեց առանց միջադեպի խաղաղացնել

Լևոնին, բայց այդ մեղմությունից Լևոնը թև առավ և շարունակեց խիստ պահանջն ավելի կոպտությամբ։

— Տղա՛ս, Գոգոն այս տան մեջ 23 տարով ավելի է ապրեր, քան դուն, դուն երեկվան տղան ես այս առիքին տակ, եթե այս տան կարգադրությունները գործուդ չեն գար, կրնաս անմիջապես ինքդ հեռանալ այս տունեն։

Լևոնը լռեց։ Մենք բոլորս էլ դժգունեցինք։ Մայրիկը պարզապես իր որդուն տնից դուրս էր վռնդում։ Կատակ չէր։

Լևոնը լռությամբ դուրս եկավ դահլիճից, մայրիկը շարունակեց.

— Այս տան համար Գոգոն մեզմե ավելի է մտածեր, ավելի շատ է չարչարվեր, տան պատերուն ամեն մեկ քարը անոր ձեռքը կճանչնա, որո՞ւ բերնին է ինկեր այդ մարդը դուրս հանել, ամո՛թ։

Այս վերջին բառը մայրիկը կարծես բոլորիս էլ շպրտեց։ Բոլորս էլ գլուխներս կախեցինք։ Մեծ եղբայրս մոտեցքավ մայրիկին, ուզեց Լևոնի համար նրա վճիռը մեղմացնել։

— Ես զինքը դուրս չեմ վռնդեր,— ասաց մայրիկը,— բայց եթե ինքը կպահանջե անոր դուրս ելլալը, ինքը պիտի ելլա։

Այս խոսքերից հետո՝ Գոգոն, արցունքն աչքերին, մոտեցավ մայրիկին, համբուրեց նրա ձեռքը և ասաց.

— Խանըմ, Լևոնը թո՛ղ հոս մնա, ե՛ս կերթամ, քեզմե ըլ շատ ռազի իմ։

— Գոգո, — պատասխանեց մայրիկը կես կշտամբանքով,— տղայի հետ տղա մի ըլլար, ով ինչ կըսե, թող ըսե, դուն ինձի նայիր։

Գոգոն դուրս գնաց լռությամբ և մտնելով խոհանոց՝ սկսեց օջախի կրակը փչել։

Երեկոյան, ընթրիքին, Լևոնը չերևաց։

Մայրիկը մինչև անգամ չհետաքրքրվեց, թե Լևոնը տա՞նն է թե ոչ։ Ընթրեցինք շատ տխուր, ոչ ոք չէր խոսում, ամեն մեկս ջանացինք շուտ վերջացնել և վեր կենալ: Ընթրիքից հետո Գոգոն մայրիկի համար բերեց մեծ, չինական գավաթով թրքական կոֆե, այն գավաթով, որով միայն հայրս էր խմում և նրա մահվանից հետո երբեք չէր գործածված: Մայրս բռնեց գավաթը, արցունքի մեծմեծ կաթիլները կախվեցին նրա շագանակագույն խոշոր աչքերից, հանկարծ տեսանք, որ Գոգոն էլ լաց էր լինում, մենք էլ միացանք այդ արցունքներին, լո՜ւռ, մորմոքի՜չ արցունքներին: Երկար լռությունից հետո մայրս հայտարարեց.

— Այս տան մեջ ո՛չ մեկ փոփոխություն չպիտի ըլլի...

Մորս այդ հայտարարությունն այնքան վճռական էր, որ բոլորս էլ դողացինք:

Հաջորդ առավոտյան, Լևոնը հենց որ զարթնեց, գնաց պարտեզ: Գոգոն պարտեզի ծաղիկներն էր ջրում:

Վճիտ, մաքուր, լվացված առավոտ էր:

Լևոնը կամացկամաց, տատանվելով և վախենալով, բայց ներքին վճռականությամբ, մոտեցավ Գոգոյին և փաթաթվեց նրա վզով: Գոգոն անմիջապես ցնցուղը դրեց խոտի վրա, գրկեց Լևոնին, համբուրեց երկար և խորունկ սիրով շշնջաց.

— Յավրու՜ս, իմ աղվորի՜կ յավրու՜ս...

Զ

Մեծ եղբայրս՝ Հակոբը, պահում էր մի արաբական ձի, որ ծնվել էր մեր տանը և երբեք չէր տեսել արմավենի, և ոչ էլ նրա սմբակները մխրճվել էին հարավի տաք ավազներում, բայց նրա աչքերի խորությանը մեջ կար հարավային պեյզաժների ամբողջ սարսուռը, և նրա վրնջյունի մեջ մենք զգում էինք անհուն անապատների կարոտը:

Ձին, որին Հակոբը Մարան էր կոչում, սև էր, ինչպես սև սաթը, փայլուն և ողորկ, երեք ոտները սպիտակ և հավկթաձև սպիտակը ճակատի վրա:

Մարանը սանձ չէր տեսել իր կյանքում, նա ազատորեն ման էր գալիս

մեր տանը, մինչև անգամ ճաշի ժամանակ, երբ մեծ ընտանիքը բոլորվում էր մեծ սեղանի շուրջը, նա գալիս էր, դունչը հանգչեցնում էր Հակոբի ուսին և սպասում մինչև նա շաքար տար, հետո դնում էր հորս ուսին, հուսկ ապա՝ մորս:

Մայրս, անհուն բարությամբ և նոր հարսի ջինջ ժպիտով, տալիս էր վերջին շաքարը ու հրամայում նրան գնալ պարտեզ:

Մարանը, շաքարը խրտխրտացնելով, գնում էր դեպի պարտեզ, որտեղից նա մի անգամ վրնջում էր իբրև տեղեկություն, որ արդեն պարտեզում է:

Այս վրնջյունի ժամանակ եղբայրս կանգ էր առնում, մինչև անգամ պատառը դեռ բերանին չհասցրած՝ ձեռքը մնում էր օդում, հրճվանքից կարմրում էր և շշնջում.

— Սիրեմ քըզի...

Ամեն գիշեր Հակոբը պետք է վեր կենար, գնար Մարանի մոտ, մի անգամ նայեր, շոյեր, համբուրեր և վերադառնար անկողին: Մարանի սենյակը (ախոռ չէր կարելի կոչել նրա գիշերած վայրը) գտնվում էր հորս և մորս սենյակի տակը: Կեսգիշերին, հանկարծ, երբ լսվում էր Մարանի խրխինջը, մեղմ և ջինջ, հայրս ասում էր.

— Ակոբը գնաց սիրականին քով:

Ամեն կիրակի օր Հակոբը Մարանին տանում էր հերկված դաշտը և բաց թողնում. Մարանը քամու նման թռչում էր, սահում էր նա հերկված դաշտի վրայից, ինչպես սուրացող ալիք:

Քաղաքի երիտասարդների համար մեծագույն հաճույք էր հավաքվել դաշտը, տեսնելու Մարանի վազքը: Մարանը հասնում էր դաշտի ռնկին, կանգ էր առնում, պայծառ աչքերով նայում հեռո՜ւն, հեռո՜ւն: Ի՞նչ էր երազում այդ թռվիչ անասունը, ո՞վ իմանար, ապա վերադառնում էր սուրացող ալիքի նման, գալիս, կանգնում էր Հակոբի մոտ: Հակոբի թևերը բացվում էին, փաթաթվում նրա վզին, շրթունքները մոտենում էին նրա քրտնած սև ստևներին և համբբուրում:

— Գիտես քի ամպի վրայեն կթռի, — ասում էին շատերը:

Հակոբը բերում էր տուն Մարանին, Գոգոն անխախտ պատրաստած կլիներ մի թարմ ձու: Հակոբն ամեն անգամ Մարանին դուրս տանելուց և բերելուց հետո՝ մի թարմ ձու էր խփում նրա ճակատին, ջարդում, որպեսզի չար աչքերը խափանվեին:

Հակոբի ամբողջ զբոսանքը Մարանն էր: Երբ միջնակարգն ավարտեց, և հայրը նրան առաջարկեց գնալ բարձրագույն դպրոց՝ նա մերժեց միայն այն մտահոգությամբ, որ Մարանին չէր կարող տանել հետը Պոլիս, Պրուսա և կամ Եվրոպա:

Հակոբի ընկերները, նրա հասակակիցներն էլ տանը չէին մնում, նրանց մեջ զարթնել էր տղամարդը, որոնում էին աղջիկներ զանազան անկյուններում, դռների ճեղքերից, պատուհանների բացվածքներից, եկեղեցում, փողոցում, բաղնիսի դռան առաջ: Նրանց խոսակցությունը կինն էր, չարշաֆի մեջ փաթաթված այդ անիմանալի, դյութական, միստիկ արարածը, որի ձայնը տակնուվրա էր անում նրանց հոգին:

Նրա հասակակիցներից շատերը պսակվեցին, երեխաներ ունեցան, ոմանք նշանված էին, ոմանք էլ արդեն վաղուց խայտառակված ապօրինի կենակցությունների համար, մի քանիսը բռնվեցին Մարիցայի տանը, բայց Հակոբը սիրում էր Մարանին և նրանով լցնում իր հոգու ամբողջ պարապը:

Նրա համար ամենաերջանիկ օրն այն օրն էր, երբ պետք է գնար արոտները Մարանի հետ: Տանում էր հետը մի վրան, անկողին և եփելթափելու անհրաժեշտ պիտույքներ ու գնում արոտ:

Ուրեմն, Հակոբը ամբողջ երեք ամիս պիտի ապրեր Մարանի հետ շունչ շնչի, գիշերը պիտի քներ վրանի տակ, Մարանն էլ գլուխը կախ արած նրա գլխի վրա: Ամբողջ օրը Մարանն ուտում էր թարմ խոտը և կշտանալուց հետո կանգնում էր արևի տակ և անվերջ երերում էր գլուխը դեպի վեր և դեպի վար, իսկ Հակոբը, նստած վրանի շվաքում՝ դիտում էր ու հրճվում:

Հակոբը ժամերով խոսում էր Մարանի հետ, հարց էր տալիս, պատասխաններ ստանում, ծիծաղում, երբեմն մտերմորեն կշտամբում նրան և անցկացնում ժամանակը։

— Մարան, էսօր աղեկ կերե՞ր ես, — հարցնում էր Հակոբը։

Մարանը վրնջում էր։

— Շուտով տուն տե՛րթանք,— ասում էր Հակոբը։

Մարանը պոչը թափ էր տալիս, գլուխը երերում։

— Հը՞, չե՞ս ուզեր, կուզե՞ս շատ կենանք։

Մարանը մոտենում էր Հակոբին, կծում ֆեսը և թափ տալիս օդում։

Այսպես անվերջ խոսում էին նրանք, երկու մտերիմ ընկերների պես, ոչ մի տարաձայնություն, ոչ մի անհամություն երկու ընկերների միջև։

Երեկոները Հակոբը պառկում էր վրանի առաջ, երկնքին հառած՝ երգում էր։ Մարանը կանգնած լսում էր նրան առանց շարժվելու, այդ մշտապես անհանգիստ անասունը ոչ մի շարժում չէր փորձում, և երբ Հակոբը դադարեցնում էր երգը, Մարանը գլուխը կախում էր տխուր։

— Նորեն խա՞ղ ըսիմ քըզի համար, հա՞, Մարան, — հարցնում էր Հակոբը։

Մարանը, իբրև պատասխան, վրնջում էր ոսկեհնչյուն։ Հակոբը սկսում էր.

> Լավանդամըն շիշեսի,
> Իչինտե մենեմշեսի,
> Բեն Մարանը սևերիմ,
> Ջիկերիմին քեռշեսին[9] ։

Կյանքը սավառնում էր, ինչպես անվերջ մեծաթև մի առավոտ։

---

[9] Դուխու շիշը, մեջը մանուշակ, ես Մարանին սիրում եմ, սրտիս անկյունը։

Աշնան մեջերին Հակոբը և Մարանը վերադառնում էին տուն: Հայրս և մայրս դիմավորում էին երկու ընկերներին: Հակոբը՝ առողջ, մեծի, հզոր, արևից եփած, ինչպես խաղողի ողկույզը, ամբողջ վրայից բուրում էր դաշտերի և կանաչների թարմ հոտը, իսկ Մարանը՝ գիրացած, աշխույժ, ավելի ու ավելի պայծառացած, վճիտացած աչքերով և ավելի ոսկեհնչյուն վրնջյունով:

Նրանք իրենց հետ տուն էին բերում հեռավոր դաշտերի թարմությունը, բերում էին իրենց հետ աստղերի ձայնը: Երբ Մարանն արձակում էր իր առաջին խրխինջը, մեզ թվում էր, որ լուսավորվում էր մռայլ տունը, կարծես ոսկյա սալի վրա աստղեր էին ընկնում և պայթում:

Մայրս ասում էր հորս.

— Հաջի էֆենդի, կենե[10] տունը եղավ տուն:

Տունը տուն դարձնողը Հակոբն էր և իր անասուն ընկերը, մի անբաժանելի և ամենացանկալի մասը տան, որի ձայնը կախվում էր մեր տան բոլոր պատերից, անկյուններից, առաստաղից և պարտեզի բոլոր ծառերի ճյուղերից:

Հակոբը քաշում բերում էր երեխայի օրորոցը, երեխան մեջը, դնում բակի մեջտեղը և ասում Մարանին.

— Վրայեն անցիր:

Մարանը ծառս էր ելնում, խրխնջում և թեթևաբար ցատկում երեխայի օրորոցի վրայից ու վերադառնում, լիզում Հակոբի ձեռքը, իսկ Հակոբը փոխադարձ՝ համբուրում էր նրա ճակատի հավկթաձև սպիտակը:

Մեծ զվարճալիք էր մեզ համար, երբ Մարանը գնում էր ավազանի ափին, նայում ջինջ ջրի մեջ և, տեսնելով իր արտացոլումը՝ ցատկում էր, նորից նայում, էլի տեսնում, էլի վերվեր ցատկոտում և վերջ ի վերջո դունչը մոտեցնում ջրին, փռշտում, որից ջուրն ալիքավորվում էր, պատկերը բեկբեկվում, և ուրախանալով, որ հաղթեց ջրի խորքում եղող ինչոր անասունի, խրխնջում և վազում էր դեպի պարտեզի

[10] նորից, դարձյալ

կեռասենիների ծառուղին, այդ ծառուղուց մի ուրիշ ծառուղի, մինչև պարտեզի մութ թավուտները:

Հակոբը, պատահեր, որ հյուր գնար մի տեղ և ստիպված լիներ երկար մնալու, կգտներ մի պահ, կծլկվեր հյուրընկալողներից, կգար տուն, Մարանին կտեսներ և նորից կգնար: Եթե չգար, դա նշանակում էր, որ մայրս նրան խոսք տված կլիներ՝ շատ մոտիկից հսկել Մարանին, ամեն րոպե չհեռացնել նրան իր աչքերից:

Իսկ եթե պատահեր, որ Մարանին հետը տաներ (շատ անգամ էր տանում, որովհետև հաճախ Հակոբը հրավիրվում էր Մարանի հետ, մի տեսակ՝ հանդերձ ընտանյոք), Հակոբը մի ձու էր դնում նրա գավակի վրա և այդպես տանում: Մարանը, որպեսզի ձուն չընկնի իր գավակից, քայլում էր դանդաղ, փոխում էր քայլվածքի ձևը, քայլում էր ալիքանման օրորվելով: Փողոցում չէր լինի մի մարդ, որ կանգ չառներ և չդիտեր Մարանի այդ դժվարին խաղը:

Այսպես էին ապրում երկու ընկերները՝ Հակոբը և Մարանը:

***

Մի օր Մարանի առաջի ոտի վերևի մասում երևաց մի ուռուցք, փոքր և գրեթե աննշան, բայց բշտեց, դարձավ վերք, այդ վերքը մեծացավ, թարախակալեց: Քաղաքում մի անասնաբույժ կար, որը չկարողացավ օգնել, Հակոբը կանչեց և մարդկային բժիշկներին, որոնք ոչինչ չկարողացան անել, ամեն մեկը մի բառ ասաց: Վերքը մեծանում էր, թարախակալումն ավելի համառում:

Սկզբնական շրջանում Մարանի վրա ո՛չ մի ազդեցություն չարավ, բայց կամացկամաց նա կորցրեց իր աշխուժությունը, աչքերը կորցրին արշալույսային վճիտությունը, նրա ոսկեհնչյուն խրխինջում լսվեցին ինչոր մթին ակկորդներ:

Հակոբը Մարանի հետ սկսեց կերպարանափոխվել: Մինչև անգամ հայրս և մայրս դարձան մելամաղձոտ. Հակոբը կորցնում էր իր զարնան ուրախությունը, մռայլ էր իջնում նրա պայծառ ճակատի վրա:

Հայրս լսեց, որ Սեբաստիայում մի նշանավոր անասնաբույժ կա, հեռագրեց այդ անասնաբույժին, որ գա և տեսնի ձիուն: Պատասխան ստացվեց, որ անասնաբույժը համաձայնել է և երկու օրից մեկնելու է Սեբաստիայից:

Հակոբն այդ հեռագիրը կարդալիս՝ ցավագին ժպտում էր և արցունքներ թափում:

Մայրս փաթաթվեց իր հերկուլեսյան որդու վզին, սրբեց նրա արցունքները և շշնջաց.

— Դոքտո՞րը կուգա, կաղեկցնե, չաղեկցնե ըլ, հայրդ Դիարբեքիրեն դահա աղվորը բերել կուտա, մի՛ լար, յավրուս:

— Մարա՛նս, Մարա՛նս, — մրմնջում էր Հակոբը և համբուրում մորս, լաց լինում, կոպերից կախում աստղանման արցունքի կաթիլներ:

Շատերն ասացին, որ աչքով են տվել: Մայրս բաց արավ սնդուկը, դուրս բերեց մի խոշոր փիրուզ և կախեց Մարանի վզից:

Անասնաբույժն ուշանում էր, պիտի գար կառքով, ութն օրվա ճանապարհ էր լավագույն դեպքում:

Եվ Մարանը մի առավոտ մեռավ:

Բոլորս էլ հավաքվել էինք Հակոբի շուրջը, որ արցունքի կաթիլներով շաղախված խոսքերով պատմում էր Մարանի կյանքը, պատմում էր մինչև անգամ, թե մի օր ինչ խոսակցություն են ունեցել իրար հետ և Մարանն ինչ է ասել:

Եթե պատահած եղելության անծանոթ մի մարդ ներս մտներ և լսեր Հակոբին, երբեք չէր կարող գուշակել, որ խոսքը և ողբը վերաբերում էին մի անասունի:

Հակոբի անկողինը մայրս կարգադրեց, որ փոխադրեն իր ննջարանը: Հայրս և մայրս, մոռացած ամբողջ տունը, իրենց ամբողջ գուրգուրանքը թափում էին Հակոբի վրա, որպեսզի մոռանա, գեթ մեղմանա նրա վիշտը՝ կորցրած ընկերոջ համար:

Հայրս և մայրս չափազանց սիրում էին Հակոբին, ոչ միայն նրա համար, որ իրենց անդրանիկ որդին էր, այլ նրա համար, որ հասակով նրանք Հակոբից շատ տարբերություն չունեին:

Հայրս 13 տարով մեծ էր Հակոբից, իսկ հայրս՝ 17 տարով: Մայրս դեռևս եղել էր մանուկ, երբ առաջին անգամ զգացել էր նրա շարժվիլն իր հոգում: Մանավանդ մայրս և Հակոբն իրար հետ կատարյալ մտերիմներ էին: Մայրս չէր հիշում, թե արդյոք եղե՞լ է մի ժամանակ, երբ Հակոբը գոյություն չի ունեցել:

Անցավ մի ամիս, բայց Հակոբի վիշտն ավելի էր խորանում:

Եվ հայրս որոշեց նրան առաջարկել երկու բան՝ ճամփորդություն կամ ամուսնություն: Հայրս խորապես համոզված էր, որ սրանցից մեկն ու մեկը կփրկի նրան, կմեղմացնի նրա վիշտը, և մի օր էլ կմոռանա: Այս նպատակով, հայրս հիշեցրեց նրան թուրքական երգի մի կտորը՝ «Գյուն դուր, կեչեր, աղլամա»[11] :

Հակոբն ընտրեց ճանապարհորդությունը:

Մայրս մեծ պատրաստություն տեսավ, նոր շորեր կարեց, սպիտակեղեններ պատրաստեց, նոր անկողին կարեց, քուրք առավ, Հակոբի գոտին լցրեց ոսկով:

Բոլորս համբուրեցինք նրան, մայրս հազիվ կարողացավ բաժանվել Հակոբից, իսկ հայրս սառնասրտությամբ համբուրեց նրան և ասաց.

— Դուն քըզի աղեկ նայիր:

Բոլորը զարմացան, որ հաջի էֆենդին լաց չեղավ, բայց երբ կառքի անիվները սկսեցին գլորվել, կառքը հեռացավ, դարձավ մի կետ և ի վերջո անհետացավ, հայրս մտավ իր սենյակը, բաց արավ պահարանը, մի երկու գավաթ օղի խմեց, և մենք տեսանք, որ նրա աչքերից արցունքի կաթիլներ էին վազում լուռ ու սրտակեղեք: Մայրս մոտեցավ նրան լացով, հայրս շրթունքներն իրար էր սեղմում և չէր նայում նրան, բայց ի վերջո չդիմացավ, սկսեց հեկեկալ:

---

[11] օր է, կանցնի, լաց մի՛ լինի

— Մարանը նոր մեռավ, — ասաց հայրս և օղի ուզեց:

— Աստված չի կամեցավ, որ յավրուս քեֆ էնի, —շշնջաց մայրս:

Հայրս մի մթին հայհոյանք շպրտեց աստծո հասցեին, որից հետո մայրս դուրս եկավ սենյակից և խաչակնքեց:

***

Հակոբը վերադարձավ կազդուրված, էլի առողջ, հզոր: Նրա հասակը կարծես ավելի էր բարձրացել:

— Հակոբը եկե՞լ է, հա՞...— հարցն ում էին ծանոթները մորս: Մայրս պատասխանում էր.

— Հա՛, չինարս եկեր է:

Հակոբը տեսել էր ծով, զանազան քաղաքներ, մեծ քաղաքներ՝ Սամսոն, Պոլիս, Զմյուռնիա, Վառնա: Օրերով նա պատմեց իր տեսածները: Մենք կախվում էինք նրա շրթունքներից: Հայրս այդ բոլոր վայրերում եղել էր: Նա հարցեր էր տալիս.

— Սկյուտար գացի՞ր, ծո:

— Գացի:

— Բո յ աճի գյ ուղ:

— Բոյաճիգյուղ ըլ գացի:

— Ստամբոլի կողմը փաչա[12] կերա՞ր:

— Կերա:

— Աֆերիմ, ծո, ամեն տեղ եղեր ես:

---

[12] խաշ

Երբ մայրս լսում էր, որ Հակոբը եղել է այն վայրերում, որտեղ եղել է նաև իր ամուսինը, հրճվանքից չէր իմ անում, թե ինչ անի։

— Ղավզայի բաղնիքը լողացա՞ր։

— Չէ՛, հայրի՛կ, ատեն չեղավ։

— Ծո՛, մարդ Ղավզա երթա ու բաղնիքը չլողնա՞... եբոր նորեն երթաս, լողցիր։

— Կլողնամ, հա, — խոստանում էր Հակոբը։

Ամբողջ մի ամիս մեր տանը գլխավոր խոսակցությունն էր Հակոբի ճամփորդությունը, զբաղված էին նրան լսելով և հետը բերած նվերներն ուտելով, հագնելով, կախելով զանազան տեղեր։

Ինձ բերել էր կարմիր չուստ։ Առաջին անգամ երբ հագա և փողոց գնացի, ինձ թվում էր, որ ամբողջ քաղաքի բնակչությունը չուստս է դիտում։

Մի ամիս հետո՝ Հակոբը, բոլորից գաղտնի, բաց արավ Մարանի «ննջարանը», որն ինքը կողպել ու գնացել էր և դուրս եկավ տխուր։

Թե Մարանի հիշատակը և թե՛ այն, որ քաղաքում շատ զբաղվելու բաներ չկային, բացի դրախտային պարտեզներից, Հակոբի ճակատին իջեցրին նորից մի թեթև մռայլ։

Սկզբի օրերին այս մռայլն այնքան էլ նշմարելի չեղավ, բայց հետզհետե դարձավ զգալի և մտահոգիչ ծնողների համար։

Մի օր, երբ ես նստած էի հորս կողքին, և նա խաղում էր իմ ոսկեգույն մազերի հետ, կանչեց մորս ու սկսեցին խոսել Հակոբի մասին։

— Պիտի կարգենք էդ տղան, — ասաց հայրս։

Մորս աչքերը փայլեցին։

— Եթե համոզես։

— Կհամոզվի, բեղերն արդեն մեծցեր են, Պոլիպմոլիս կերևա քիթքերանը աղջիկներու քսեր է, խելքը տեղ է էրեր։

Մորս դուր չեկավ, որ հայրս մատնանշեց այդ։

— Ի՞նչ գիտես, — հարցրեց։

— Ես գիտեմ, դուն ինձի հարցուր, — կարճ կտրեց հայրս։

Մայրս խոստացավ, որ ինքը այդ բանը հայտնի Հակոբին։

— Մանկ շնորհիքով ձևով ըսէ, — պատվիրեց հայրս։

Եվ որոշեցին, որ աղջիկը պետք է լիներ սիրուն։ Հայրս ինքն առաջարկեց.

— Ինչ ընտանիքի կուզէ թող ըլլի՝ աղվոր ըլլի, — ասաց։

Մայրս ապշեց։ Հայրս ինչքան խորը պետք է Հակոբին սիրեր, որ զիջեր իր արիստոկրատիզմից։

Մայրս ավելացրեց.

— Աղվոր ըլլի ու կաթն ըլ մաքուր ըլլի։

— Դահա աղեկ։

Հակոբը համաձայնել էր, երևի ճիշտ էր հորս կարծիքը, թե «քիթըքերանն աղջիկներու քսած կըլլի»։ Սկսվեց աղջիկ որոնելու պրոցեսը։ Պարզվեց, որ հայրս չէր զիջի ամենափոքրիկ, ամենաաննշան պակասության անգամ։ Մայրս ի վերջո մատնանշեց մի աղջիկ, որ իսկապես սիրուն էր, բայց հայրս առարկեց.

— Գլուխն աղեկ չի բռներ, քիչ մը կկախե։

Մայրս հուսահատվեց, որ կարող պիտի լիներ գտնելու այն տիպարը, որ գոյություն ուներ հորս մտապատկերում, բայց իրականության մեջ գոյություն չուներ։

— Ես աղջիկ չեմ ուզեր, արժան կուզիմ, — հայտարարեց հայրս:

Անցավ մի ամիս ևս: Մայրս այլևս այդ մասին չէր խոսում:

Մի օր հայրս թե՝

— Հը՞, Մարգրիտ, աղջիկ գտա՞ր:

— Դուն հրեշտակ կուզիս, աշխարքի մեջ հրեշտակ կա՞:

— Հա, հրեշտակ կուզիմ, բերանդ պագնիմ, աղեկ ըսիր, հրեշտակ կուզիմ:

— Հրեշտակ չիկա:

— Կա, — վճռական պատասխանեց հայրս, — հրեշտակ կա, հրեշտակն ըլ գտեր իմ:

— Վո՞վ,

— Գրիգոր աղային աղջիկը:

— Պզտիկ է:

— Թող ըլլի, դուն տասնիրեք տարեկան էիր ծոցս մտար,— պատասխանեց հայրս:

Մայրս լռեց, ամաչեց և ապա գտավ, որ ճիշտ էր ասում հայրս:

Ի վերջո մայրս հարցրեց.

— Կուտա՞ն:

Արդեն այստեղ վիրավորվեց հորս արիստոկրատիզմը:

— Ես ուզեմ, թող չիտան, — աղջիկը տասնիրեք, տղան՝ տասնութը, ինչո՞ւ չպիտի տան:

— Ասլանի պես ըլ տղա, — ավելացրեց մայրս:

Գրիգոր աղայի աղջիկը՝ Եղիսաբեթը, իսկապես գեղեցիկ էր, հորս մտապատկերում գոյություն ունեցող աղջիկն էր, նա նման էր Միլոսյան Վեներային, ավելացրած նրա վարդագույն մարմինը և կոկորդի վրա մի սև խալ, թռչկոտուն և կարկաչուն մի աղջիկ, որի մասին երբ մայրս հայտնել էր Հակոբին, Հակոբը ժպտացել և փաթաթվել էր մորս:

Մի երեկո հայրս և մայրս գնացին Գրիգոր աղայի մոտ և երկարքարակ ուրիշ խնդիրն երի մասին խոսելուց հետո՝ խոսք էին բաց արել Եղիսաբեթի մասին:

— Հաջի էֆենդի, մեր աղջիկը ձերն է, բայց քիչ մը ժամանակ տուր մորը հետ դանըշմիշ ըլլիմ[13] , — ասել էր Գրրգոր աղան:

— Շատ աղեկ, — պատասխանել էր հայրս:

Մյուս օրր երեկոյան մենք ստացանք մի մեծ սինիով փախլավա Գրիգոր աղայի տնից՝ ի նշան համաձայնության:

Մի քանի օր նվերներ գնացին մեր տնից և նվերներ եկան Գրիգոր աղայի տնից:

Այս խոսակցությունից ութ օր անց, երր մայրս վերադարձավ բաղնիսից և ուղիղ բարձրանալով հորս մոտ՝ հայտնեց, որ Եղիսաբեթին տեսել էր բաղնիսում:

— Հը՞, ինտո՞ր էր, — հարցրեց հայրս:

— Գիտես քի լուսնկայեն է ընկեր, — պատասխանեց մայրս:

Ապա պատմեց, թե ինչպես Եղիսաբեթը, իր մոր թելադրանքով, եկել և համբուրել է մորս ձեռքը և մայրս չի թողել, որ գնա, ինքն է լողացրել նրան, սանրել մազերը, հագցրել և կառքով բոլոր ընտանիքին տուն ուղարկել:

— Շա՛տ աղեկ ես ըրեր,— ասաց հայրս:

---

[13] զրուցել, խորհրդակցել

Երկար ժամանակ չթողեցին, որ անցնի, նշանեցին Հակոբին, և շուտով էլ պսակեցին:

Մայրս հոգս տարավ, որ հարսանիքն անցնի շքեղ, ոչ մի բան պակաս չլինի, բայց հորս հետ ունեցան մի անհամ վեճ:

Հայրս չէր ցանկանում, որ իր որդին քահանայով պսակվի:

— Հոր տունեն կբերենք մեր տունը, վերջացավ գնաց... — պնդում էր հայրս, իսկ մայրս հակաճառում էր.

— Ես քըզի հետ համաձայն եմ, բայց անոր հայրն ու մայրը կուզե՞ն, որ իրենց աղջիկն անպսակ ըլլի:

Հայրս գիտակցում էր, որ դա ճիշտ է, անպսակ չէր կարելի աղջկան տուն բերել, բայց չէր էլ կարող տանել, որ քահանա պետք է լիներ գործում:

Վերջապես, երկար վեճից հետո՝ հայրս զիջեց և համաձայնեց, որ որդին քահանայով պսակվի, բայց պայմանով, որ քահանան եկեղեցում պսակը վերջացնելուց հետո՝ տուն չգա: Մայրս համաձայնեց, բայց պսակից հետո ընդունեց քահանային՝ հորիցս գաղտնի, բոլորին պատվիրեց, որ նրան չասեն, պատվեց, կերակրեց, խմցրեց, վարձատրեց և ճանապարհ դրեց: Թերևս հայրս գուշակում էր, որ մայրս այդպիսի բան կարող էր անել, բայց վրա չընկավ, քանի որ իրենից գաղտնի էր տեղի ունենում, և իր կամքը ձևականորեն կատարվում էր:

Մի նոր ուրախություն ծագեց մեր տանը Եղիսաբեթի երևալով: Փոքր էր Եղիսաբեթը, թոփ էր խաղում մեզ հետ, այգում վազվզում, ավազանում լողանում: Երբ Հակոբը գալիս էր տուն, գրկում էր նրան իր հզոր թևերի մեջ, բարձրացնում վեր և տանում սենյակ, ճանապարհին համբուրելով և ասելով՝

— Մարա՛նս, իմ աղվո՛ր Մարանս:

***

Գևորգին՝ Հակոբից փոքր եղբորս, ես միշտ հիշում եմ անհուն բերկրանքով, որովհետև նա մեր տան գրեթե միակ անդամն էր, որ ազատ էր ջղայնությունից: Ամեն մի բարկություն նա հավասարեցնում էր բացարձակ զրոյի: Պատահում էր, որ մեկնումեկը լցվում էր նսեմ զայրույթով՝ աչքեր էին փայլատակում, բարձրանում էր որոտ, որ ո՛չ թե գալիս էր երկնքից, այլ սենյակի հատակից դեպի առաստաղը, գործը հասնում էր Գևորգին, մի մեղմ ժպիտ, մի հյութալի կատակ, մի չվիրավորող հեգնություն, և նսեմ զայրույթը փոխվում էր վսեմ հանգստության: Պատահում էր, որ աչքերի փայլատակումին հաջորդում էր դանակի փայլատակում. այդ երկու փայլակներին ընդառաջ էր գնում նա սրերից ավելի հզոր կատակով, և տիրում էր խորին խաղաղություն:

Այն օրերից մինչև հիմա էլ ես հիանում եմ նրանով, նրա հզոր ջղերի կարգ ու սարքով, և եկել եմ այն վերջնական եզրակացության, որ մարդիկ հիանում են իրենց չունեցած հատկություններով:

Գևորգը մեծ կրքեր չուներ: Նրա ամենամեծ կիրքը չամիչն էր: Նա սիրում էր չամիչ: Չամիչը՝ դա ուտելիք չէր նրա համար, այլ մի ուրիշ բան: Սակավակեր, ընտրությամբ ուտող, բայց չամիչի համար տածում էր նա բոցավառ կիրք: Չամիչը՝ դա երազի կապույտ թռչունն էր: Նա չամիչի հետ փոխում էր ամեն ինչ, իր ունեցած ամենաթանկագին իրը կարող էր վտանգել, եթե մեկը նրան դյութեր չամիչով:

Գևորգը հիվանդ պառկած է, տաքությունը բարձր: Հայրս մոտենում էր նրան, ձեռքը դնում ճակատին և հարցնում.

— Գևորգ, չամիչ կուզե՞ս:

Գևորգն աչքերը բաց էր անում, տենդի մեջ անգամ զգում էր չամիչի թովչանքը և խոր թախիծով պատասխանում.

— Չէ՛, չեմ ուզեր, հիվանդ իմ...

Հայրս անմիջապես կարգադրում էր վազել բժշկի ետևից:

— Չամիչ որ չուզեց, ըսել է քի գործը բուրդ է, — եզրակացնում էր հայրս:

Եվ չամիչով փորձում էին նրա առողջանալը:

— Ի՞նչ կուզես, որ բերիմ քըզի, — հարցնում էր մայրս:

Գևորգի սև աչքերը փայլում էին, և բերանն այնպիսի ձև էր ստանում, որ պարզ էր լինում, թե պիտի ասի․

— Չամիչ կուզիմ:

***

Հիշում եմ նաև իմ բրոնզյա եղբորս, Լևոնին, որին մենք տանը Լոլո էինք անվանում:

Թուխ և մաքուր մորթով, բարձր ճակատով, ուժեղ ծնոտներով, քիչ ալիքավորվող, սև մազերով, սև և խոշոր աչքերով, բարձրահասակ մի տղամարդ էր Լոլոն:

Լոլոյի աչքերն էին, որ փայլատակում էին երբեմն զայրույթից, նրա ձայնն էր, որ որոտի նման պայթում էր մեր տանը, նա էր, որ շողշողացնում էր դանակը: Այս ահավոր տղան, սակայն, ուներ բարի, աղավնու սրտի պես բարի մի սիրտ:

Գևորգը երբեք լաց չէր լինում և երբեք չէր զայրանում:

Լևոնը զայրանում էր գազանի նման և լաց էր լինում, ինչպես զանգրահեր մի մանուկ, երբ վեգն է կորցնում:

Մինչև իր եղերական մահը նա չիմացավ, թե ինչ է կյանքի միջին ճանապարհը: Մահին անգամ նա չդիմավորեց միջին ճանապարհով, սոսկ չմեռավ նա, այլ սպանվեց— սպանվեց, ինչպես պատմում էին, հորդահոս արիությամբ, բուռն թափով և եղերական կերպով:

Նրա դեմքի վրա ապրում էին երկու արտահայտություն՝ մանկական ժպիտ և գազանի մռայլություն:

Ես հիանում էի Գնորգի կայուն ջղերով, բայց իմ մարմնի և հոգու բոլոր թելերով ձգտում էի դեպի Լոլոյի ծայրահեղությունները:

Սիրում էի, երբ Լոլոն մի տեղ էր գնում և վերադարձին պատմում.

— Գացինք ձորը, արևմարև կորսվեցավ, սկսեցավ կարկուտ, ամեն մեկը գլխուս չափ...

Հետագայում, կյանքի բովում, նա իր ներքին թափի համապատասխան միայն մի բան գտավ այս աշխարհում՝ Նյու Յորքի, արևմուտքի այդ ահարկու քաղաքի, բիրժան: Մտավ նա այդ բիրժան ֆինանսական մոլուցքով, թավալվեց այդ բիրժայի վերիվայրումներում, բարձրացավ և ընկավ, ապրեց կյանքի զարհուրելի րոպեներ, մի օր՝ միլիոններ, մյուս օր՝ սենտերի կարոտ, բայց խելահեղորեն առնական, միշտ նոր և ահեղ թափով: Ոչ մի բան այս աշխարհում նրան չկարողացավ վախեցնել, որի դեմ նա ցցում էր իր սև թարթիչները և այդ թարթիչների արանքներից նայում հեռուն:

Նա ինձ դիմավորեց Նյու Յորքի առաջ ֆրանսական «Լա Տուրեն» շոգենավում:

— Մայրիկը ինտո՞ր է, — հարցրեց:

— Աղեկ է, ամա որ քեզ ու Գնորգը կիիշե՝ կուլա,— պատասխանեցի:

Ես տեսա, որ Լոլոյի պայծառ աչքերը թացացել էին արցունքի տեղատարափով:

Ձեռքիցս բռնեց, և միասին մտանք Ամերիկայի ցամաքը:

Այդ գիշեր Լոլոն ինձ ցույց տվեց Նյու Յորքը:

— Կտեսնա՞ս այս քաղաքը, մեծ է, հա՛, աղեկ է, պզտլիկ չէ, աս երկրեն անդին ա՛լ երկիր չիկա, ինչ որ տի սովրիս, աստեղ տի սովրիս, հայդե՛, բոյդ տեսնամ, ծո՛:

Այդ ժամանակ նա ձեռքում ուներ երկաթուղային ակցիաներ:

Ես Լոլոյի նման չմտա բիրժան, այլ մտա գրքերի աշխարհը, բայց մտա նույն թափով և կրքով, ինչ թափով և կրքով Լոլոն մտել էր բիրժան։

***

Մեսրոպյան տառերն ինձ առաջին անգամ սովորեցրեց մի ասորի վարժապետ՝ պարոն Աշուրը։ Կարճահասակ էր նա, բայց լայնաթիկունք, ոսկրոտ, լայն և բարձր ճակատով, ճաղատ գանգով, ցցված այտոսկրներով, ժայռային մուգկապույտ և խոշոր աչքերով, անզուսպ աճած բեղերով, որոնք գնալով լայնանում էին և ապա մեղմորեն բարականում և կախվում անխնա կերպով բացված բերանի երկու կողմերից վար, ինչպես փոքրիկ պոչեր, ծածկելով վերնի մեծ ատամները և բերանի ահավոր խոռոչը։ Հին, բաբելոնական արձաններից պարոն Աշուրը տարբերվում էր միայն մի բանով՝ ակնոցով, մի բան, որ խանգարում էր նրա արխայիկ և վսեմ կերպարանքը։

Պարոն Աշուրը և՛ բանաստեղծ էր, գրում էր ոտանավորներ կիսագրաբար և հին վարպետների ոճով՝ «Նինջ մանկան», «Ողբ ի վերա շիրմի ազնվաշուք Նիկողայոս աղայի Ազնավուրյանց», «Հրեշտակք», «Հաղաքս զինվորի», «Վասն ընտանյաց խաղաղության», «Դստերք երկնի» և այլն, և այլն։ Այս բոլորը նա գրում էր մի որևէ դեպքի առթիվ և նվիրում էր որոշ մարդկանց։

Պարոն Աշուրն էր, որ ինձ հեգելով կարդացնել տվեց առաջին նախադասությունը՝ «Խա՛չ, օգնյա ինձ»։ Կային երեխաներ, որ դժվարությամբ էին «կանչում» խաչին օգնության։ Պարոն Աշուրը այդ դժվարությունը հեռացնելու համար ուներ մի շատ պարզ մեթոդ՝ փայտի հարվածը։ Պետք է խղճմտորեն հիշատակել այստեղ, որ փայտի հարվածներն իջնում էին բացառապես մարմնի փափուկ տեղերին։ Բոլոր ծնողներն էլ գոհ էին այս մեթոդից։ Ծնողներն իրենք էին, որ հրահանգում էին և քաջալերում. «Փափուկ տեղվանքը մեյ մը չկարմրցնե՞ս»։

Տառերը սովորելուց և հեգելով կարդալուց հետո մենք հեռացանք պարոն Աշուրի մոտից և գնացինք դպրոց։ Տարեվերջին նա կարդաց մի ճառ, գրած մեծ թաբաղայի վրա, որից մենք ոչինչ չհասկացանք, որովհետև գրաբար էր ամբողջովին, միայն այնքան հասկացանք, որ մեզ խրատներ էր տալիս։ Ճառի վերնագիրն էր՝ «Հուսկ բանք», որի նշանակությունն էլ մենք հուսկ ապա հասկացանք։

Բայց պարոն Աշուրը մեզ չմոռացավ։ Նա երբեմն հանդիպում էր մեզ փողոցում, կանգնեցնում ու հրամայում՝ «Հայերեն գիրքդ կարդա»։ Ստուգում էր ուզում կատարել մեր առաջադիմության մասին։ Երբ լավ էինք կարդում, պարոն Աշուրը, անսահման գոհ ժպիտով, մրթմրթում էր. «Քոքը աղեկ դրեր իմ, մաշալլա՛հ...»։

Մի օր պարոն Աշուրը հայտնվեց մեր տանը՝ գոհունակ ժպիտով և ժայռագույն աչքերն ավելի խոշորացած։ Նրա հայտնվելուց մի քանի շաբաթ առաջ մենք հողին էինք հանձնել մեծ եղբորս մանչ երեխային՝ Տիգրանին։ Այդ առթիվ ես գրել էի մի ոտանավոր և, առանց ոչ ոքի մի բան ասելու, ուղարկել էի Զմյուռնիա՝ «Արևելյան մամուլ» շաբաթաթերթին։ Այդ ոտանավորը տպվեց՝ առաջին տպագրված «երկը» իմ կյանքում։ Պարոն Աշուրը եկել էր մեր տունը այդ ոտանավորը կարդալուց հետո, եկել էր գոհունակ ժպիտով և ժայռային աչքերն ավելի խոշորացած։

Մի քանի գովասանական խոսքեր ասելուց հետո՝ նա հայտարարեց. «Քոքը աղեկ գրեր իմ, մաշալլա՛հ...»։

Է

Ես ունեի երեք քույր՝ Խասիկը, Սիրանուշը և Զայնիկը։

Խասիկը մեծ եղբորիցս փոքր էր, բայց Գևորգից և Լևոնից մեծ, ես եղբայրներից ամենափոքրն էի, իսկ Սիրանուշը և Զայնիկը ինձանից փոքր էին։

Խասիկին ես հիշում եմ հորս կապակցությամբ՝ հորս հողաթափներն էր տալիս, ջուր էր լցնում, որ լվացվի, չափազանց աշխատասեր մի աղջիկ, որ հորս մատուցած ծառայության մեջ գտնում էր խոր երջանկություն։

Թե ինչպես նա կապվեց Ամերիկայից եկած ոսկյա ատամնավոր մի մարդու, չգիտեմ, մանրամասներն ինձ ծանոթ չեն, բայց գիտեմ, որ նա դժբախտ եղավ։

Անձնվեր աղջիկ էր, ուրիշին միշտ ծառայելու պատրաստ, անում էր այն, ինչ որ կարող էր:

Միրանուշը սև, խոշոր աչքերով, սպիտակ մորթով, առատ մազերով մի աղջիկ էր, խոսում էր ու ծիծաղում և ուրիշին ճաքեցնելու մեծ հատկություններ ուներ: Ճաքեցնելու համար նա չէր ընդդիմախոսում. ճաքեցնում էր համաձայնելով, այդ համաձայնության մեջ կար այնպիսի նրբին հեգնություն, ինչպես իր սքանչելի ձեռագործներում:

Մենք միասին էինք դպրոց գնում. ես առաջնորդում էի նրան: Երբ հեռանում էինք տնից, նա բռնում էր ձեռքս և կամացկամաց սեղմվում ինձ: Ես հպարտ էի, որ ահա պաշտպանում եմ մի քնքուշ աղջկա: Ես սիրում էի նրան, որովհետև նա ինձ չէր ճաքեցնում, իմ հանդեպ նա չէր գործածում ամենաթույլ հեգնությունն անգամ:

Միրանուշն էլ դժբախտ եղավ, որովհետև սպանվեց նրա ամուսինը չար մարդկանց ձեռքով:

Զայնիկը՝ դա ես էի, եթե աղջիկ ծնված լինեի — կապույտ աչքեր՝ սև հոնքերով ու սև թարթիչներով նիզակավորված, սև մազերով և սպիտակ մորթով: Զայնիկը ահա զայրանում է մի րոպե և քնքշանում հաջորդ րոպեին: Այնպես լավ էի հասկանում ես նրան: Շատերի համար նա մի մութ առեղծված էր, բայց նրա բնավորությունը, մինչև անգամ նրա անիմաստ գործերը ինձ համար կարդացված գրքի պես էին: Այն գործերը, որոնք անիմաստ էին կոչվում, անգամ ես էի անիմաստ կոչում, ես ինքս էլ կանեի այնպես, ինչպես Զայնիկն էր անում:

Ինչքա՜ն եմ հիշում քեզ, կապուտաչյա՜ իմ քույր: Քեզ հիշելիս՝ իմ հոգին լցվում է պատկերներով. հիշում եմ մեր պարտեզը, կտուրը, ծաղկող աքացիան, հիշում եմ աշնան դեղին տերևները, որ քամին քշում բերում էր մեր դռան առաջ, հիշում եմ ձյունի սպիտակ փաթիլները, այդ ձյունի մեջ քո ոստոստումները, և հիշում եմ մորս վերջին մայրությունը: Քեզանով վերջացավ, կապուտաչյա իմ քույր, նրա կողերի խայտանքը, ընդմիշտ լռեց նրա քնարը: Դո՛ւ եղար վերջինը, որ ծծեցիր նրա կաթը, դու, մորս վերջի՛ն մանուշակ, վերջի՛ն երգ, վերջի՛ն բերկրանք:

Բացի իմ քույրերից, կային և ուրիշ աղջիկներ, որոնք աճում էին իմ մանկության հետ, որոնք ծաղկում ու վառվում էին իմ մանկության ափերի վրա:

Դեռևս նրանց ամեն մեկի ճիչը թրթռում է իմ ականջում, նրանց ամեն մեկի ժպիտը ծաղկում է իմ աչքերի առաջ: Նրանք գարուններ էին. որոնք վազում էին գարունների մեջ, նրանք ծաղիկներ էին, որոնք թավալվում էին ծաղիկների գրկում:

Նրանցից մեկը Քրիստինեն էր, դժգու՜յն, ինչպես սառած մաքուր մեղրը, բայց նրան հանդիպելիս՝ շիկնում էր, այնքան շիկնում, որ ահա, կարծես, պետք է վառվի : Փոքրիկ էր, լիքը, կլոր, սպիտակ ձեռներով, բայց էլի լիքը և փոսիկներով:

Մոտենում եմ, որ բռնեմ մազերից, փախչում է մեղմ ծիծաղելով: Նրա ծիծաղը մեծ սիմֆոնիայի մի բեկորն էր կարծես:

Վազում է Քրիստինեն պարտեզի կածաններով, ինչպես եղնիկն անտառում, բարձրանում տան վերնի հարկը, բաց անում լուսամուտը, նայում ներքև ու ծիծաղում:

Քրիստինեն մի աստղ էր՝ վար ընկած երկնքից և խոշորացած:

— Վա՛ր եկուր:

— Չեմ գար, մազս կքաշես:

— Եկու՛ր, չեմ քաշեր:

Իջնում է նա պարտեզը: Ես հեռանում եմ դեպի պարտեզի թավուտները: Նա հետևում է ինձ: Կանգ եմ առնում այնտեղ, ուր ոչ ոք չի կարող նշմարել մեզ, մինչև անգամ երկնքից դիտողը:

Քրիստինեն կանգ է առնում թավուտի մուգ կանաչում: Կարծես մի անծանոթ ձեռք թավուտների մեջ մի կանթեղ վառեց և անհետացավ:

Մոտենում եմ:

Գլուխը կախում է:

Միրտս պոկվում է, փախչում է վանդակից դուրս: Բռնում եմ նրա մազերից:

— Քաշի՞մ:

— Քաշե՛, — շշնջում է Քրիստինեն:

— Ես քու մազերդ չեմ քաշեր, — ասում եմ և մոտեցնում եմ շրթունքներիս:

Այդ մազերի բուրումը պարտեզի բոլոր ծաղիկների բաժակներից էր հավաքել:

Երբ բռնում եմ նրա ձեռքը, աչքերը բոցավառվում են:

Էլի փախչում է:

Ո՛չ մի կանթեղ թավուտների մուգ կանաչում: Խոշորացած և երկնքից վար ընկած աստղ, Քրիստինե՛, ես քեզ հիշում եմ:

***

Վերոնին ես տեսնում էի տարեկան մի անգամ: Մայրս ինձ նշանել էր նրա հետ օրորոցում: Եվ այդ պատճառ էր լինում, որ նա փախչեր ինձանից: Փոքրիկ և բոսո՛ր աղջիկ, ես հիշում եմ քո մարգարտյա ատամները, քո ծնոտի փոսիկը, քո ձեռքը, որի նմանը ես տեսա միայն Ջիոկոնդայի կրծքի վրա, հիշում եմ քո ճակատը՝ բարձր և լայն:

Ես լսեցի, որ երկինքը խորտակվել է քո պայծառ պարտեզների վրա...

***

Հիշում եմ մորաքրոջս աղջկան՝ Ռեբեկային:

Մեծղի, առողջ, ժիր, շարժուն, մտացի և պոետ մի աղջիկ էր Ռեբեկան, որի կապույտ և խոշոր աչքերը միայն բավական էին, որ կարելի լիներ վերականգնել ողջ խորտակված երկինքը:

Այդ երկինքը խորտակվեց Ռեբեկայի լուսաբացի բարձր և սպիտակ շուշանների վրա: Տարան նրան արաբական անապատները... լսեցի, լսեցի ահավոր մորմոքով, որ նրա արևային ճակատի և այտերի վրա խալեր են դրոշմել...

Քու՜ր, խոնարհվում եմ քո զարհուրելի ճակատագրի առաջ...

Ընդունի՛ր քո եղբոր արցունքը...

Ը

Մեր փողոցը հին Արևելքի այն ճանապարհի մասնիկն էր, որ ծայր էր առնում հին Հռոմից, գալիս հասնում էր Բյուզանդիայի հին մայրաքաղաքը, ընդհատվում էր մի ակնթարթ կապույտ ծովով, ապա շարունակվում էր, օղակելով ամբողջ Փոքր Ասիան, գալիս անցնում էր մեր տան առջևից և գնում մինչև «աշխարհի ծայրը»՝ Բաղդադ: Մեզ համար ամենահեռավոր վայրը Բաղդադն էր: Բաղդադից դենը մեզ համար ուրիշ երկրներ չկային:

Մեր աշխարհից միայն մեկը գնացել էր Բաղդադ և երբ վերադարձավ՝ քաղաքի կեսը նրան դիմավորելու գնաց:

— Ի՞նչ կըսես, ծո՜, հերիֆը մինչև՜ Բաղդադ գնաց ու եկավ:

Առաջին անգամ, երբ սկսեցի Հունաստանի և Հռոմի պատմությունը սովորել՝ հելլենների դեպի Արևելք արած արշավանքները, պարսից պատերազմները, Կյուրոսը, Ալեքսանդրը, Հուլիոս Կեսարը, հռովմեական կայսրության շինած ճանապարհները, ավելի և ավելի սիրով և հպարտությամբ կապվեցի մեր փողոցին: Կարծես զգում էի, որ պարսկական, հունական, հռովմեական զորքերն անցնում են մեր դռան առաջից:

Մի օր, երբ միջնակարգում, չեմ հիշում որ արշավանքի պատմությունն էի պատմում, հաջողեցի այդ արշավանքի ուղեգիծը բերել և անցկացնել մեր փողոցից, իմ զավառացի ուսուցիչը ժպտաց քթի տակ և չցանկացավ իմ պատմական սխալն ուղղել:

Մեր փողոցը միաժամանակ այն ճանապարհն է, որ միացնում էր մեր քաղաքը ուրիշ քաղաքների և գյուղերի հետ:

Տարվա բոլոր եղանակներում՝ առավոտյան, հին քաղաքից և գյուղերից մեր փողոցով էին անցնում մեր քաղաքի շուկայում խանութ ունեցողները, արհեստավորները, մշակները և երեկոյան միևնույն մարդիկ վերադառնում էին հին քաղաքն ու զանազան գյուղերը:

Այս մարդկանց մեջ կար մեկը, որ մեր քաղաքի բարձրագույն դպրոցի մաթեմատիկայի ուսուցիչն էր:

Այս ուսուցիչը երկու բանով տարբերվում էր ուրիշներից՝ օսլայած սպիտակ օձիք ուներ և նստում էր սպիտակ իշու վրա:

Էշն ավելի նշանավոր էր, քան ինքը: Նա սովորություն ուներ, միայն առավոտները, մեր դռնից մի քիչ վերև աղիողորմ զռալ, որից մեր փողոցի բոլոր բնակիչները զարթնում էին և խաչակնքում:

Ով որ տանը ժամացույց ուներ, անմիջապես նայում էր և սլաքներն ուղղում՝ 7-ից քառորդ անց:

Իսկ նրանք, որոնք ժամացույց չունեին և էշի զռալն ավելորդ էին համարում, զայրանում էին և սկսում մրթմրթալ․

— Ինչո՞ւ չէ, ազգի փարայով էշ կհեծնա:

Մի օր մեր տանը, Նիկողոս աղայի նախագահությամբ, ժողով գումարվեց, որին մասնակցում էր նաև մաթեմատիկայի ուսուցիչը:

Երբ մաթեմատիկոսը ներս մտավ, ծառան նրա էշը տարավ պարտեզ և կապեց մի ծառի:

Ժողովի ամբողջ ընթացքում ես կանգնած էի սենյակի շեմքի մոտ և միայն սպասում էի, որ հոգաբարձության անդամներից մեկը սիկարեթը փաթաթի և ես պատրաստ լինեմ լուցկին տնկելու նրա քթին:

Ժողովի ընթացքում բուռն վեճ բացվեց մաթեմատիկոսի ռոճիկի

հավելման շուրջը։ Մաթեմատիկոսը պնդում էր, որ ռոճիկի վրա անպայման հավելում պետք է լինի, իսկ հոգաբարձությունը միահամուռ դեմ էր։

Մաթեմատիկոսը գյուղում էր ապրում և մերժում էր քաղաքում բնակվել, բայց գյուղում բնակվելով և ամեն օր քաղաք գալով՝ անձնական ծախսերն ավելանում էին։

Վերջապես, հոգաբարձության անդամներից մեկը, որի բեղերն ականջներից անցնում էին և խառնվում գլխի ետևի մազերի հետ, խռպոտ ձայնով ասաց.

— Պարոն վարժապետ, էշը հերիք չէ՞։

Մաթեմատիկոսը չպատասխանած, էշը պարտեզից սկսեց այնպես զռալ, որ տան պարտեզի կողմի լուսամուտների ապակիները շխկշխկացին։

Մաթեմատիկոսը դարձավ երկար բեղերով հոգաբարձուին.

— Հը՞, ստացա՞ր պատասխանը, — ասաց։

Երկար բեղերով հոգաբարձուն շփոթվեց և անմիջապես վրա տվեց.

— Եթե թվաբանության մեջ ալ էշին օգնության կդիմես, խոսք չունինք։ Այս վեճը պարզեց այն. որ մաթեմատիկոսի էշը տրված էր հոգաբարձության կողմից։ Դա կազմում էր պայմանագրի մի մասը, և դրա համար էր, որ էշի զռալուց չօգտվողներն ասում էին. — «Ինչու՞ չէ, ազգի փարայովը էշ կիհեծնա»։

***

Այդ ժողովից մի քանի օր հետո էր, նույն այդ ժողովի ամբարտավան նախագահը՝ Նիկողոս աղան, զարհուրելի ծաղրուծանակի ենթարկվեց ամբողջ քաղաքում։

Մեր քաղաքում միայն մեկ հատ անառակ կին կար՝ Մարիցան։

Ասում էին, որ նրանից առաջ էլ եղել էր մի ուրիշը, նրա անունն էլ Մարիցա։

Այնպես որ շատերն անառակ կնոջ փոխարեն Մարիցա էին ասում...

Օրինակի համար՝ մեկը հարցնում էր.

— Ո՞ւր տեղաց։

Մյուսը պատասխանում էր մի աչքը փակելով.

— Մարիցայի մոտեն։

Մարից ան — նրան մատով էին ցույց տալիս փողոցների անկյուններից, լուսամուտներից, կտուրներից։

Մատով էին ցույց տալիս, բայց չէին խոսում հետը՝ ամոթ էր։

Մինչև անգամ գիշերները նրա հետ անցկացնող աղաները, շան նման նրա ոտները լիզողները, եթե փողոցում պատահեին, սուտ չտեսնել էին ձևացնում։ Մարիցայի տան երկու հարևանները նրա տան կողմի լուսամուտները փակել էին, մինչև որ այդ «ՍողոմԳոմորը» հեռանար մի ուրիշ տուն, ուրիշ քաղաք կամ մի ուրիշ աշխարհ։

Բաղնիս ում նրան տեսնողները փսփսում էին.

— Մսերը տես, ատոր համար է, որ բոլորը վրեն կվազեն։

Նրան չէին քսվում, միգուցե վարակվին նրա անառակությունից։

Մարիցան բաղնիսում ձեռքը թասին չէր տանում, նստում էր աթոռի վրա, մի պառավ կին, անառաղությաս դպրոցի նախկին աշակերտուհի, որը, իր կարգին, մաշել էր մի սեռունդ, լողացնում էր նրան՝ երիտասարդ հերոսուհուն, տեսակտեսակ հոտավետ յուղեր էր քսում, հոտավետ ջրեր ցանում, տանում դուրս, առանձին սենյակում չորացնում, հագցնում։

Փողոցում Մարիցան քայլում էր դանդաղ, կապույտ զոնտիկով, սպասուհին ետևից, գլխի վրա աղավնու բացված թևերի նման մի սանր, կոնքերը արվեստականորեն զցում էր աջ և մեկ ձախ, աչքի պոչով նայում տղամարդկանց, թեթև ժպտում և շարունակում ճանապարհը:

Եկեղեցի երբեք չէր մտել, չէին թույլ տա, որ մտնի, միայն երբեմն քաղաքի երիտասարդ առաջնորդը կանչում էր նրան իր մոտ, որպեսզի «աստծո խոսքը հաղորդի» նրան:

***

Մի օր փողոցի վերևից մի աղմուկ լսվեց, անորոշ աղմուկ, բայց համառորեն մոտենում էր ու մեծանում: Բոլորը դուրս թափվեցին, կանայք լցվեցին լուսամուտները, երեխաներր թռան կտուրները:

Վերևից գալիս էր, ավելի ճիշտ՝ խուժում էր երեխաների մի ստվար բազմություն:

Այդ բազմությունը հալածում էր մի մարդու՝ հոզաբարձության նախագահ Նիկողոս աղային:

Երեխաներն աղաղակում էին.

— Մարիցայի մոտ էր գացե՜ր...

— Էհե՜յ, էհե՜յ, Մարիցայի տունեն դուրս ելավ...

Նիկողոս աղան գետնից քար էր վերցնում, նետում բազմության: Երեխաները ցրվում էին, ինչպես թռչունների մի երամ, բայց էլի հավաքվում և ճչում ավելի բարձր*.

— Հոզաբարձության նախագահը Մարիցայի մո՜տ...

Երեխաների բազմության խառնվեցին և հասակավորներ:

Նիկողոս աղան պատասխանում էր.

— Սու՜տ են, սու՜տ են:

Եվ աhաբեկ, ամոթածեծ նա վազում էր, սարսափով լցված և խուզարկու աչքերով հառում էր դռներին:

Նա որոնում էր մի որևիցե բաց դուռ, որպեսզի ներս մտնի և ազատվի ամոթի անգութ ճանկերից:

Բայց բոլորն էլ փակում էին դռները, քաշվում ներս՝ մեղսակից չլինելու համար այն հանցանքին, որ բոլոր մարդիկ, բոլոր ժամանակներում գործել էին:

Երբ Նիկողոս աղան հասավ մեր դուռը, մեր տան կանայք իջեցրին լուսամուտների վարագույրները, դուռն արդեն փակ էր:

Ես կտուրից տեսա Նիկողոս աղային բավականին մոտից. քրտինքը ողողել էր նրան, գլխից շոգի էր բարձրանում, վզի երակներն ուռած, բեղի վրա խլինք, շրթունքները պրկված, ա՜հ, նրա աչքերը՝ սարսափը ցցվել էր նրա աչքերում դանակի նման:

— Բոլոր գիշերը Մարիցայի մոտ էր,— աղաղակում էին ոմանք:

— Հոգաբարձության նախագա՜հը,— աղաղակում էին ուրիշները:

Հայրս նստած էր թախտի վրա: Երբեք չմոտեցավ լուսամուտին: Քաշում էր ծխախոտը և շշնջում.

— Անպիտաննե՜ր, կարծես ուրիշ գործ չունին:

Նիկողոս աղան հասավ բազարի մեծ հրապարակը և կորավ բազմության մեջ:

Ամբոխը ցրվեց բավարարված և հանգստացած:

Այդ դեպքից հետո Նիկողոս աղային ոչ ոք չտեսավ քաղաքի փողոցներում, խանութը մնաց փակ:

Ասում էին, որ տանն էլ ո՜չ ոքի չի ընդունում, քաշվել է մի առանձին սենյակ, ծխում է, քայլում անընդհատ, գլուխն օրորում, ինքնիրեն խոսում, հայհոյում:

Վեց ամիս հետո լուր տարածվեց, որ Նիկողոս աղան լցրել է իր ընտանիքը մի կառքում և գիշերով հեռացել է քաղաքից՝ վերջին անգամ թքելով քաղաքի հողի վրա, կոշիկների փոշին թափ տալով:

Թե ու՞ր գնաց Նիկողոս աղան, ի՞նչ եղավ՝ ո՛չ ոք չիմացավ:

***

Գարուն է: Մեր վւողոցում ծաղկում են նշենիները, խնձորենիները, տանձենիները, սալորենիները և ակացիաները: Հեռուն՝ Մաստառի գագաթին, դեռևս ձյունը համառում է, դիմադրում է անէանալու վտանգի մեջ եղող որևէ տարերքի նման, բայց արևը հաղթանակում է ծաղկավառ, կանաչափառ դաշտում:

Երբ առավոտյան գյուղական սայլերը մտնում են քաղաքը, անցնում են մեր փողոցով, եզների կոտոշները զարդարված են նոր ծաղկած նշենիների սպիտակ մեծ ճյուղերով. իրենց ծաղկած վիճակում ինչքա՛ն նման են ձյունի տակ մնացած ճյուղերին:

Սայլապանների գդակների չորս բոլորքը շարված են անպայման խնձորենու վարդագույն ծաղիկներ, որպեսզի գույնով տարբերվեն նշենու սպիտակ ծաղիկից:

Սայլերի ճռճռոցը սկսվում էր շատ կանուխ, գարնանային մթնշաղի այն կախարդական ժամերին, երբ քունն այնքան էր քաղցրանում, որ դառնում էր անդիմադրելի:

Սայլերի ճռճռոցը օրորում էր մեզ, մենք վարժ էինք այդ երաժշտության, նրանք հեռվից գրկում էին մեզ, խորացնում մեզ մեր արշալույսի թեթև, խուսափուկ և երերուն երազում:

Սայլերի ճռճռոցը տևում էր շատ երկար:

Զարթնում էինք, սկսվում էր աշխատանքի օրը և շարունակվում եռանդուն կերպով մինչև կեսօր:

Դանդաղ, միօրինակ այդ ճռճռոցը կարելի էր նմանեցնել ամեն մի

նվագի, ուրախ կամ տխուր, նայած ունկնդրի ներքին տրամադրություններին: Երբ տանն ինձ կշտամբում էին, այնպես կշտամբում, որ սիրտս փլչում էր, ուզում էի լաց լինել, այդ ճռճռոցը թվում էր, որ ինձ հետ ողբում է լալագին, սայլերի ամեն մի անիվն արձագանքում էր իմ հոգու թախիծին:

Սայլերի ճռճռոցի հետ լսվում էին նաև դարբինների մուրճերի հարվածները՝ երբեմն արագարագ, երբեմն ընդհատընդհատ:

Մեր փողոցում շատ էին դարբինները: Սիրում էի ես կանգնել նրանց կրպակների առաջ և դիտել նրանց օջախի կրակը, որ գնալով կատաղում էր փքսի քամուց, ես կարծում էի, որ կրակը կատաղում է, որովհետև ջղայնացնում են նրան:

Դարբինը երբ դուրս էր բերում կարմրած երկաթը, այն ժամանակ իմ ոգևորությունը հասնում էր իր գագաթնակետին: Դարբինը, մրոտած դեմքով, կոշտացած, սևացած և այրված ձեռքերով առնում էր ծանր մուրճը և ընկնում շիկացած երկաթի վրա՝ համառությունը կոտրելու համար:

Իմ միակ ցանկությունն էր կարողանալ մի երկաթի ուզած ձևը տալ:

Տանը, երբ չէի կարողանում մի քիչ հաստ երկաթաթելը ծռել, միտս բերում էի մեր հարևան դարբինը, որ կարողանում էր ամենախոշոր և ամենակոպիտ երկաթին տալ իր ցանկացած ձևը:

Նա հերոս էր իմ աչքին:

Ամեն անգամ, որ ինձ հարց էին տալիս, թե «ի՞նչ ես ուզում դառնալ», ես անվերապահ և ոգևորված պատասխանում էի՝ «դարբին»:

Դրանից ավելի հերոսական արհեստ ես չէի երևակայում:

Ինձ դուր էր գալիս դարբինների դեմքը, մանավանդ նրանց աչքերը, երբ կրակից կարմրում էին, մրից դեմքերը սևանում, աչքերն ավելի էին կարմրում, հենց օջախի կրակի նման վառվում:

Ես նայում էի մերթ կրակին և մերթ աչքերին:

Գնում կանգնում էի կռանին շատ մոտ, որպեսզի շիկացած երկաթից թռչող ասուպներն իմ շորերն էլ այրեն, և ես էլ նմանվեմ դարբնի։

Ես հավատացած էի, որ մարդ միայն դարբին պետք է լինի, որ աշխատանքը վերջացնելուց հետո ախորժակով ուտի։

Առհասարակ դարբիններն ուտում էին չոր հաց՝ սոխով։

Գալիս էի տուն, վերցնում էի հաց ու սոխ, ուտում, բայց չկար այն ախորժակը, դրա համար ես հավատացած էի, որ պետք է անպայման դարբին լինել։

Փորձեցի տանը օջախ և փքոց շինել, չկարողացա։

***

Երբ հիմա հիշում եմ մեր փողոցը, ամենից ավելի իմ աչքի առաջ պատկերանում են իմ մանկության ընկերները՝ շները։ Իմ ամբողջ մանկությունն անցել է նրանց անձնվեր մտերմության հետ։

Շան ոհմակն իմ բանակս էր։

Մինչև հիմա էլ, երբ մեկը մի շան քացով է տալիս, սիրտս մղկտում է, ես հիշում եմ իմ մանկության ընկերներին։ Նրանց մեջ մեկը չկար, որի վրա իմ կնիքը չլիներ։ Նախ և առաջ բոլորի պոչերը կտրել էի, երբ նրանք տակավին կաթ էին ընկնում իրենց մոր ծծերից։ Կտրում էի նրանց պոչերը, այդպես նրանք ավելի գողտրիկ և գրավիչ էին դառնում իմ աչքին։ Չէի սիրում պոչերը, ուզում էի, որ նրանք անպոչ դառնան, նախքան էվոլյուցիայի օրենքի լրումը։

Նրանք սիրում էին ինձ, և այդ սերը նման չէր մարդկային սիրո։

Անվերապահ էր, անաչառ անհիշաչար, անվարձ, առանց որևէ ակնկալության։ նրանք չէին հիշում մի րոպե առաջ արած իմ մարդկային չարությունը։

Զարնում էի, ցավից վնգստում էին միայն մի ակնթարթ, ապա նորից

գալիս, քսվում էին, լիզում էին իմ ոտները, այն ոտները, որ խփել էին նրանց:

Այդպես է իսկական սերը՝ շնային:

Ես անցնում էի հռովմեական հինավուրց ճանապարհից՝ շներով շրջապատված: Նրանք հավաքվում էին իմ շուրջը, մի քանիսն ինձանից առաջ (նրանց ես չէի ընտրել, ընտրված էին իրենցից) մի քանիսը քայլում էին ինձ հավասար, իսկ ջախջախիչ մեծամասնությունը՝ իմ ետևից:

Ես գիտեի նրանց բոլորի անունը (առանց ազգանունի, ինչպես մեծ մարդիկ՝ Նապոլեոն, Ալեքսանդր), գիտեի նրանց ծննդական թվականները, մինչև անգամ նրանց սերնդաբանությունը, ճանաչում էի ամեն մեկի հորը, պապին, ապուպապին, բայց իրենք, իբրև շներ, մոռանում էին իրենց ծնողներին, եղբայրներին, մոռանում էին մանավանդ քույրերին, որովհետև կռվում էրն իրար հետ, կծում էին իրար, հոշոտում և հուսկ ապա սիրաբանում ու սերնդագործում:

Ալոն մոռացավ իր քրոջը, նրանից լակոտներ ունեցավ, լակոտներն իրենց հերթին մոռացան իրար և շարունակեցին սերունդը: Նրանք իմանում էին, թե երբ եմ դուրս գալու դպրոցից, շարվում էին դռան առաջ, ճանապարհ էին զգում ինձ մինչև տունը:

Ներս եմ մտնում, ցրվում են:

Դուրս եմ գալիս՝ շարվել են ուրախ աչքերով, բարեկամական ամեն տեսակ ժպիտներով:

Հիշում եմ նրանց և հասկանում եմ իսկական սերը:

***

Մեր պարտեզի երկար կտզամախիի վրա արագիլը կառուցել էր իր բույնը, այնպես ուղիղ և երկար, ինչպես մարմարյա մինարեները իսլամական մզկիթների բակերում:

Մինչև այդ արագիլը չվերադառնար հարավից՝ մորս համար դեռ գարունը չէր եկել, և ոչ մեկին թույլ չէր տալիս, որ ձմեռային հագուստները փոխեն: Իսկ երբ արագիլը գալիս էր. և եթե մինչև անգամ մայրս տեսած չլիներ և միայն մենք տեսած լինեինք, վազում էինք տուն, հանում վերարկուները, շպրտում և դուրս վազում: Մայրս վերադառնում էր տուն և սկսում հարցուփորձը.

— Ինչո՞ւ եք հաներ ձմեռվա սակոները[14] :

— Լագլագը եկեր է...

— Ի՜նչ կըսե...

Եվ մայրս էլ բարձրանում էր կտուրը, որպեսզի տեսնի արագիլը: Արագիլը կափկափում էր կաղամախիի բարձրից, և, չգիտեմ ինչու, մայրս խաչակնքում էր:

Մեր պարտեզի ծառի վրա արագիլի բույն շինելը մայրս համարում էր բախտավորություն: Պարտեզի մյուս ծառերի վրա գտնվող ուրիշ թռչունների հետ մենք իրավունք ունեինք խաղեր խաղալու, մինչև անգամ բույներն ավերելու, բայց չէինք համարձակվի որևէ բան անել արագիլին: Ամենաշատը կարելի էր քար նետել.— այնքան բարձր էր նրա զաևը, որ ոչ ոք չէր կարող հասնել: Մագլցել կաղամախիի վրա՝ անկարելի էր, վախեցնել նրան՝ նույն պես ավելորդ էր, կարևորություն չէր տա, միայն քար կարող էինք նետել, և այն էլ արգելված էր մորս կողմից:

Մի տարի չէր եկել, մեր տանը մահ էր պատահել: Իհարկե, զուգադիպել էր արագիլի բացակայությունը մահվան, բայց մայրս հավատում էր դրան, ինչպես հաստատված մի օրենքի: Եվ պատահեց, որ մի տարի ևս չերևաց արագիլը:

Մայրս գնալով տխրեց:

— Մահը տի գա, — ասում էր և խորը թախծում:

---

[14] վերարկուները

Տան բոլոր անդամներին նայում էր գորովանքով, միգուցե ամեն մեկին նայելիս՝ մտածում էր, որ նրան կարող է գալ մահը:

Ուզում էինք վւարատել նրա կասկածը:

— Բոշ բանի մի հավատար, մայրիկ:

— Տարին չի թամամած՝ մահը տի գա, — հայտարարում էր նա խորագույն հավատով:

Եվ տարին չվերջացած՝ մահը եկավ, և մահվան հետ միասին, ձեռքձեռքի տված, ճանապարհ ընկավ հայրս, մեկնեց և է՛լ չվերադարձավ:

Մայրս լաց էր լինում և ասում.

— Ես գիտեի, լագլագը չեկավ...

***

Արևածագից մինչև արևամար մեր ընդարձակ ագարակում աշխատում էին մշակները:

Ամառ և ձմեռ մեզ համար ժամանակն ու ժամացույցն ունեին իրենց խստագույն օրինաչափությունը, արևը երբ ուզում էր ծագել և երբ ուզում էր մարել, մենք զարթնում, նախաճաշում էին որոշ ժամին, աշխատանքի գնում, վերադառնում, ուտում և քնում որոշ ժամին, բայց մշակները դատապարտված էին արևի չար քմահաճույքին — նրանց հետ բոլոր պայմանները կապվում էին արևի օրենքի համաձայն՝ արևածագից մինչև արևմար:

Եվ արևը չար էր նրանց համար, և արևն այրում էր նրանց մարմինը:

Արևածագից մինչև արևմար նրանց բահերը զրնգում էին հողի մեջ, և երբ դուրս էին քաշում, փայլում էին արևի տակ ծովի գույնով:

Կեսօրին նստում էին «ճաշի» ագարակի ամենաթևավոր ծառի տակ,

ուտում էին սոխ ու հաց, երբեմն մի խաշած գետնախնձոր և շատ հազվադեպորեն՝ խաշած մի ձու, և երբ չոր հացը համառում էր գլորվել կոկորդից ներքև, երկարում էին և պառկելով կրծքի վրա՝ խմում էին առվի սառը ջրից ու կախ ընկած ցնցոտու մի կտորով սրբում ջրի մեջ թաթախված բեղը:

Երեկոյան, վերջալույսին, երբ արդեն ծառերի ստվերներն այնքան էին երկարած լինում, որ խառնվում էին արդեն գետնից բարձրացող մութի թևերի հետ, նրանք թողնում էին բահերը և իրենց հացի տոպրակներն առած՝ քայլում էին դեպի տուն:

Հոգնությունը նրանց դեմքի, ձեռքերի, բաց կրծքերի և բոբիկ ոտների վրա այնպես էր երևում, կարծես հոգնությունը ներկ լիներ քսած նրանց մարմնի վրա:

Հոգնությու՜ն...

Ամբողջ աշխարհը խնդությամբ ողջունում էր նոր ծագող արևը, բայց մշակներն ավելի խորը խնդությամբ, քան ամբողջ աշխարհը, ողջունում էին վերջալույսը, ողջունում էին նրանք մռայլաթև մութը արևային խնդությամբ, որովհետև մութը բերում էր նրանց տառապանքի թեթևացում, հանգիստ, անսահմանորեն խո՜րը հանգիստ:

Եվ երբ ես տեսնում էի նրանց բահերը պատն ի վեր տնկված՝ ինձ թվում էր, որ բահերն էլ հոգնել են և քնում են: Պատահում էր երբեմն, որ բահերից մեկը կամ երկուսը թողնված էին լինում հողի մեջ— հենց խրած և էլ չքաշած—ինձ թվում էր, որ այդ բահերը դեռևս շարունակում են աշխատանքը՝ հոգնած և ուժասպառ:

Այնքան բարի մայրս չէր մտածում նրանց մասին. այն կինը, որ ամեն կիրակի աղքատներ էր բերում տուն և նրանց հետ ճաշի նստում, մի քանի ընտանիքների դրամական օգնություն էր անում, լաց էր լինում, լաց էր լինում, երբ տեսնում էր քաղցածներ, բայց գտնում էր, որ մշակները պետք է աշխատանքը սկսեն արևածագին և վերջացնեն արևմարին:

Նրանց հոգնածությունը նշմարվում էր և նրանց կռնակներից՝ առանց

բեռի, բայց կարծես ահավոր բեռան տակ կքած էին, հոգնածությունը մանավանդ երևում էր նրանց աչքերի մեջ և ձեռների վրա:

Շաբաթ երեկոները նրանք գալիս էին տուն, շարվում պատն ի վեր, որպեսզի նրանց հաշիվները տեսնեին, վճարեին աշխատավարձը և ճամփու դնեին:

Նրանք շնորհակալություն էին հայտնում և գնում:

Թ

Տակավին չի մթնել, հորիզոնը բռնել է բացկարմիր հրդեհ, մինչև անգամ փողոցում բարձրացած փոշին վարդագույնին է տալիս: Գյուղ գնացողների շարանն արդեն պակասել է, փողոցը հորանջում է, քունը տանում է, հոգնած է:

Մեր տնեցիները մեկիկմեկիկ կտուրն են բարձրանում, սպիտակ անկողինները բաց անում, որպեսզի միջօրեի շոգը փախչի մեջներից:

Խաղաղ է ամբողջ քաղաքը, դադարել է կովերի բառաչը, որովհետև լակը տվել են, կթել և հանգիստ թողել նրանց, որ որոճան:

— Եկե՛ք, հասե՛ք, մեռցրի՛ն, իրար կուտեն, թե՛զ հասեք:

Աղիողորմ, աղեկեզ, անդիմադրելի մի ճիչ, որ գնալով դառնում է զարհուրելի մի ողբ: Ձայնը ծանոթ է, մեր հարևանուհին է, դիմացի տնից:

Ողբը լսվում է տան ներքնահարկից, մութ նկուղից, տան այն մասից, որտեղ ամբողջ ամառը ոչ ոք ոտք չի կոխի:

Բոլոր հարևանները վազում են: Առաջին հերթին հասնում է մեծ եղբայրս, որովհետև նա չի սպասում սանդուղներից իջնելու, կտուրի քիվից բռնում է ծառի ճյուղը, օրորում է իրեն օդում և ցատկում փողոց:

Ես կանգնած եմ կտուրին, դողում եմ ամբողջ մարմնով, ողբը շարունակվում է աղեխարշ դառնությամբ՝ «հասե՛ք, հասե՛ք, իրար կերա՛ն»:

Քիչ անց, մեծ եղբայրս՝ հերկուլեսյան մի տղամարդ, դուրս է քարշ տալիս երկու պատանիների, մեկի թևից բռնած և մյուսի՝ կրծքի շորերից: Երկուսի բերանից էլ արյուն է հոսում, մազերը գզգզված, շորերը պատառոտած, աչքերը նման են այն շներին, որոնց լակոտների վրա ուրիշ անծանոթ շուն է հարձակվում:

Նրանք դեռևս ուզում էին իրար վրա նետվել և պատառոտել իրար, բայց եղբորս հզոր բազուկները նրանց պահում են իրարից անվտանգ հեռավորության վրա:

Հազիվ մենք կարողացանք ճանաչել ողբացող մոր երկու պատանի զավակներին՝ Վահրամին և Հրաչին:

Վահրամն ու Հրաչը երկու եղբայրներ էին, Վահրամը՝ 19 տարեկան, Հրաչը՝ 17: Հրաչի ծնված օրը ծնվել էր նաև Վերոնիկան, հարևանի աղջիկը: Հրաչի ու Վերոնիկայի ծնողները նշանել էին նրանց օրորոցից:

Մեծացել էին և նախքան Հրաչի՝ կնոջ գոյություն ունալն զգալը, Վահրամը սիրահարվել էր Վերոնիկային:

Վահրամն ու Վերոնիկան դավաճանել էին օրորոցի օրինականության դեմ:

Հրաչն իմացել էր այդ սերը, բայց ոչինչ չէր զգացել, երբ դեռ վեգի հետ էր խաղում և ինձ նման շներին էր հրամայում. նա մեծացավ, հասակ առավ, սկսեց զգալ էգի կրակը:

Նրա փոքրիկ սրտում թպրտաց կինը: Վերոնիկան օրորոցից իրեն էր պատկանել, ծնողները և զուգադիպությունն այդպես էին կամեցել:

Թե՛ ծնողները և թե՛ ազգականները մոռացել էին օրորոցի հինավուրց պատմությունը, բայց Հրաչն ուզեց ձեռք բերել օրորոցի իրավունքը:

Վահրամը Հրաչի աչքին նախ մի փոքրիկ քար թվաց, այդ քարը հետզհետե մեծացավ ինչպես սև, մթին մի ապառաժ:

Հրաչը սիրում էր եղբորը, եղբայրը նրա օրորոցն էր օրրել, տարել էր պարտեզները ման էր ածել, պատանեկության իր պատասխանատվությամբ, նրան այգիներ էր տարել, դասն էր սովորեցրել, փողոցի թշնամի տղաներից պաշտպանել, ինչ որ տնից թռցրել էր՝ նրան էր տվել, նրա համար թռուցիկ էր շինել, լողալ էր սովորեցրել, բայց Վերոնիկայի մազի մի թելը մոռացրեց այդ բոլորը, և հանկարծ մի օր Հրաչը դադարեց Վահրամի հետ խոսելուց:

Վահրամը, սկզբում ոչինչ չհասկանալով, մինչև անգամ կարևորություն չընծայեց, բայց հետզհետե նշմարեց, որ Հրաչը կորցնում է իր եղբայրական աչքերը, նրա ամեն մի հանդիպումը դառնում է մութի մեջ թշնամական հանդիպում:

— Հրաչի՛կ, աղվո՛րս, ի՞նչ կուզես, զառնու՛կս, — մի օր հարցրեց Վահրամը:

Հրաչը հառեց նրա բիբերի խորքը, ուզում էր աչքերի խորքից դուրս քաշել եղբոր սիրտը. Վահրամը խորը զգաց խանդը Հրաչի հոգում, կախեց գլուխը և հեռացավ:

Այդ օրից երկու եղբայրները խուսափում էին իրար հանդիպելուց, բայց չխուսափեցին խարույկը հրահրելուց:

Խարույկը վառվում էր, վառվում էր ինչպես հարավի արեգակը:

Վերոնիկայի այտերը կարմրում էին և պատրաստ էին որևէ փոքրիկ սղմումից կաթիլկաթիլ արյուն կաթեցնել, հարստանում էին նրա մազերը, ինչպես քամուց քշվաշ մի փոքրիկ ջրվեժ, աչքերը նմանում էին անապատի հեռավորության մեջ թաղված մի հատիկ գյուղի երկու ճրագներին, կուրծքը բարձրանում էր, ծիծաղում էր բարձր, թեթև և անհարկի:

— Այո, այո, ես կընեմ, ես կուզամ, ես կերթամ, ալ չեմ գար, եթե այդպես ուզես,— և ծիծաղում էր, երբեմն լաց լինում խաբելով դիմացինին՝ լա՞ց թե ծիծաղ, բայց միշտ պատրաստակամ, միշտ շարժուն, միշտ կենդանի աչքերով՝ ինչպես բռնված փոքրիկ թռչունն անգութ ձեռքերում:

Այդ օրը Վահրամն ու Վերոնիկան զաղտագողի իջան իրենց տան ներքնահարկը: Նստեցին կոտրած և դարսված փայտի դեզերի վրա, գրկեցին իրար, մոտեցան նրանց շրթունքները և վառվեցին:

Նրանց թևերը գրկեցին իրար, ինչպես երկու հակառակ կողմերից եկող ջրի հոսանքներ։

Ներքնահարկի դուռը ճռճռաց, կրնկի վրա բացվեց, և ներս ընկավ հանգիստ քայլերով ու դահանակե աչքերով մի պատանի, կանգ առավ երկու երեք քայլ անելուց հետո, փայլեցին նրա աչքերը, ինչպես աչքերը գազանացած կատվի։

Վահրամը ճան աչեց ահավոր թշնամուն իր փոքրիկ եղբոր մեջ, նրան, որի օրորոցն էր օրորել և ուսերի վրա ման էր ածել։

Նրանց աչքերը հանդիպեցին իրար։ Երկար լռություն։ Ատամները սեղմվեցին։ Անծանոթ մի սարսափ անցավ յուրաքանչյուրից մյուսին և հանկարծ հարձակվեցին իրար վրա։

Մի քանի անգամ նրանք պառկեցին գետին, ցատկեցին վեր և երկուսը միասին հարձակվեցին իրենց սիրած աղջկա վրա։ Յուրաքանչյուրն աշխատում էր գրկել նրան, որպեսզի մյուսը չդիպչի։

— Դուն պղծեր ես իմ օրորոցը, — մռմռաց Հրաչը։

— Ո՞վ ես դուն, չեմ ճանչնար, Վերոնն իմս է, — բղավեց Վահրամը։

— Տեսնենք թե որո՞ւնը կըլլի, — պատասխանեց Հրաչը։

Եվ նրանք քաշքշեցին աղջկան, բռնեցին նրա կոկորդից, քաշքշեցին անգութ սիրով. զգացին, որ Վերոնիկան թակարդն ընկած թռչունի նման թպրտաց, խեղդվելու ձայներ հանեց և թուլացավ, շարունակեցին կատաղած պատանիները գրավումի պայքարը, մինչև զգացին, որ իրենց սիրածը չկա և այլևս չարժե կռվել դիակի շուրջը, այն ժամանակ նրանք սկսեցին իրար սպանելու ահավոր փորձը։

Վահրամը մատը կոխեց Հրաչի բերանը և սկսեց քաշել իր բոլոր ուժով, որպեսզի պատռի և այլանդակի նրան, իսկ Հրաչը ցավից ցնցվեց և այնպես սեղմեց ատամները, որ Վահրամի մատների ոսկորները ճռճռացին, և Վահրամը ճչաց, ճչաց հոգեվարքի մեջ եղող անասունի նման։

Այդ ճչոցից էր, որ պատանիների մայրը վազեց ներքնահարկը, գտավ Վերոնիկային խողխողված, հոշոտված, իսկ երկու պատանիներին՝ անտառային գազանների զարհուրելի պայքարում:

— Հասե՛ք, հասե՛ք, թե՛զ հասեք, իրար կուտե՛ն, մեռցուցի՛ն, մեռցուցի՛ն...

Ոճրի վայրն առաջինը հասավ մեծ եղբայրս:

Զարհուրելի լուրը տարածվեց մի ակնթարթում ամբողջ քաղաքում:

Հանկարծ փողոցի վերից լսվեց մի ուրիշ մոր սրտակեղեք շիվանը, տարածուն, համայնական շիվան, որ որքան մոտենում էր, այնքան խորանում, բզկտում, խոշտանգում լսողների ականջը:

— Յավրո՛ւս, յավրո՛ւս, կանաչարև իմ յավրո՛ւս,— աղաղակում էր, սրտահոշոտում Վերոնիկայի մայրը, մայրն այն աղջկա, որ չկար, որի թշերը քիչ առաջ այնքան կարմիր էին, որ ամենափոքրիկ սեղմումից կարող էին կաթիլկաթիլ արյուն հոսել:

Վերոնիկայի դիակը վեր բերողները դիմավորեցին նրա մորը, մայրը վազեց, գրկեց նրա դժգունած, հանգիստ, խաղաղ, լուռ գլուխը և սկսեց սիրող մոր անզուսպ ողբը:

Վահրամն ու Հրաչը նայում էին իրար դեղին աչքերով, սղմում էին իրենց ատամները, և միայն շրջապատող տղամարդկանց ֆիզիկական ուժը կանգնեցրեց նրանց իրար հոշոտելուց:

Տարան Վերոնիկայի դիակը տուն, նա վերադարձավ տուն անփայլ աչքերով, հետզհետե մոր լացի աղաղակը մեղմացավ և ապա բոլորովին կորչեց:

Վահրամին ու Հրաչին տարան բանտ՝ շղթայակապ:

Մարդիկ ցրվեցին, բարձրացան կտուրները, խոսեցին անվերջ ոճրի մասին, մինչև քունը դարձավ անդիմադրելի:

Ժ

Ես քաղաքում համարվում էի լավ թռուցիկ շինողներից մեկը: Շինում էի մեծ տրամագծով, երկար պոչով, գույնզգույն և փռփռան: Ամառ երեկոները, երբ մեր կտուրների վրայով և փողոցների միջով անցնում էր զարմանալի քնքուշ քամին, մենք բաց էինք թողնում թռուցիկները ամենաբարձր կտուրներից, երբ դեռ արևը, վիթխարի ծիրանի նման, լողում էր դիմացի սարերի կապույտ անկողնում: Մանիշակագույն մութը բարձրանում էր դաշտից, մանիշակագույն մե՜ծմե՜ծ քողեր կախվում էին և երկնքից թափվում էին աստղե՛ր, աստղե՛ր, ավելի առատ, քան որևէ երկնքում, այն ժամանակ արդեն մեր թռուցիկները սավառնում էին կապույտ եթերում գույնզգույն և մեծ լապտերներով: Երբ կապույտը խտանում էր, թռուցիկներն այլևս չէին երևում, միայն լապտերներն էին, որ լողում էին երկնքում, երփներանգ և վառ, կարծես տեղահանված և օրորվող լուսիններ լինեին, որ թափառում էին և չէին կարող գտնել իրենց ծիրը: Ամեն երեկո քաղաքի վրա լողում էին այսպիսի տասնյակ լուսիններ: Պատահում էր, որ հանկարծ նրանցից մեկնումեկը այրվում էր. ահա բոցի մի խոշոր լեզու, միայն մի պահ, և չկա:

Մի օր ես բարձրացրել էի թռուցիկը ու թելի ծայրը կապել կտուրի լողին և, անհո՛գ ու գոռո՛զ, ընկողմանել էի կտուրի մի անկյունը և դիտում էի թռուցիկիս սավառնումը: Նա սավառնում էր ավելի բարձր, քան բոլոր կտուրներից բարձրացող թռուցիկները: Հանկարծ նշմարեցի, որ լողը գլորվում է: Մինչև հասա, լողն ընկավ երեք հարկանի կտուրից ներքև, ուղիղ փողոցի մայթի վրա: Սարսափահար ես կռացա և նայեցի կտուրից ներքև՝ ստուգելու համար, թե արդյոք որևէ մեկի վրա ընկե՞լ է: Մայթը դատարկ էր և ո՛չ ոքին չէր վնասել, բայց իմ սարսափն ավելի աճեց այն հեռապատկերից, որ կարող էր ընկնել մի մարդու վրա, սարսափն ավելի ու ավելի աճեց, երբ պատկերացրի, որ կարող էր ընկնել հորս վրա, որ առհասարակ այդ ժամին էր վերադառնում տուն: Աչքերս մթնեցին, հազիվ կարողացա ինձ ետ քաշել քիվից և վազեցի ներքև, կտրեցի թռուցիկի թելը, սկսեցի արագ կերպով կծկել: Թռուցիկը եկավփաթաթվեց մեր տան դիմացի պարտեզի բարձր թթենուն: Քաշեցի: Ավելի փաթաթվեց: Մտածում էի բարձրանալ ծառը և ազատել թռուցիկը, բայց հանկարծ հորս էշի զռոցը պայթեց փողոցում: Քաշեցի, պոկեցի թելն ու բարձրացա հորս սենյակը և լուսամուտից սկսեցի դիտել փողոցը: Ուզում էի իմանալ, թե հայրս պիտի նշմարի՞ լողը: Նշմարեց և հարցրեց ծառային.

— Լողն ինչո՞ւ ընկեր է փողոցը:

Ծառան անմիջապես չկարողացավ պատասխանել, էշի սանձից բռնած՝ մոտեցավ լողին և տեսավ թռուցիկի թելի մնացորդը լողի վրա: Ծառան անմիջապես գլխի ընկավ և բացատրեց հորս:

— Կանչե՛ քոփս, տեսնամ, — պատվիրեց հայրս ծառային և վեր բարձրացավ:

Ես անմիջապես որոշեցի անելիքս. ցատկեցի լուսամուտից ներքն և անմիջապես բարձրացա այն խոշոր պահարանը, որտեղ դարսվում էին անկողինները: Պահարանը ծածկվում էր վարագույրով: Բարձրացա անկողինների վրա և պառկեցի, որովհետև գլուխս դիպչում էր առաստաղին:

Ծառան ամեն տեղ նայել էր և չէր գտել: Եկավ ներս և ասաց.

— Հաջի էֆենդի, չոջուխը չերևար:

Մայրս ներս մտավ:

Հայրս նրան հարցրեց.

— Տեներն է, թռուցիկ կը թռցնէ, — պատասխանեց մայրս:

Պարզ էրք որ մայրս տեղյակ չէր, թե ինչ էր պատահել:

Հայրս բացատրեց նրան: Մայրս երկու ձեռքերով բռնեց քունքերը և բացականչեց.

— Վու՜յ, աչքս քոռնար...

Պահարանում ես կծկվեցի վախից:

Քիչ անց մայրս սկսեց մտահոգվել իմ ճակատագրով:

— Շատ աղե՛կ, եղածը եղեր է, քա չոջուխն ու՞ր է:

Եկան եղբայրներս ու քույրերս: Տան մեջ սկսվեց չտեսնված որոնում: Տան բոլոր ծակուծուկերը քրքրեցին, բացի հորս սենյակից: Ով կարող էր մտքովն անցկացնել, որ հենց այդ սենյակում էի թաքնված:

Եղբայրներիցս ամեն մեկին ուղարկեցին հարևանների և ազգականների տները: Վերադարձան թե՝

— Էնտեղ չի գացեր:

— Բախչայի ծառերուն վրա նայեցեք, — կարգադրեց հայրս:

Եղբայրներս ընկան պարտեզը, վերադարձան թե՝

— Չկա:

— Մութ է, չերևար,— կասկածեց մայրս:

— Լուսնի լույս է, — պատասխանեց մեծ եղբայրս:

Հայրս լցրեց օղու բաժակը (ես դիտում էի վարագույրի ճեղքից), բռնեց, բարձրացրեց վեր, որ ճնկեր, ձեռքը մնաց օդում: Նա երևում էր չափազանց մտահոգ:

— Չոջուխն ի՞նչ եղավ, — շշնջաց նա:

Նրա ձայնը դողդոջեց և թաղվեց խորը թախիծի մեջ:

Եթե այդ րոպեին ես ցատկեի պահարանից դուրս, հայրս ինձ կգրկեր ու կսեղմեր իր կրծքին, բայց, չգիտեմ ինչու, չարի:

— Ակո՛բ, տղա՛ս, ձին նստե՛, զնա քաղաք, եկո՛, մութլախա[15] քեռանց տուն է գացեր,— ասաց մայրս մեծ եղբորս:

Եվ ետնից պատվիրեց.

---

15 անպայման

— Ռիվոլվերը հետդ առ, եթե չոջուխը հոն է, հետդ մի բերեր, կվախնա, թող հոն կենա, քանի մ՛օրմեն թո՛ղ տղաքը բերեն:

Ես լսեցի, մի տասննհինգ րոպե հետո, ձիու առողջ դոփյունը փողոցի սալահատակների վրա:

Սենյակում տիրեց կապարյա լռություն: Այդ լռությունն ինձ ավելի անշարժ դարձրեց: Մնալով անշարժ՝ վրաս քաղցր քուն եկավ: Էլ չիմացա, թե ինչ պատահեց, հանկարծ թրմփացի սենյակի հատակին, գորգերի վրա: Զարթնեցի: Հիշեցի ամեն բան: Ուզում էի փախչել, մեծ քույրս բռնեց: Մայրս վազեց, գրկեց ինձ և, ժպիտով ու արցունքով խառն, համբուրեց ինձ: Ես գլուխս սեղմել էի մորս կրծքին, ոչինչ չէի տեսնում, հանկարծ զգացի հորս բեղերը և նրա ծխախոտի հոտը: Հայրս համբուրում էր ինձ և ասում. — «Անառակ քեզի, անառակ քեզի»:

Քիչ անց՝ ես դարձյալ լսեցի ձիու դոփյունը փողոցի սալահատակի վրա:

Եղբայրս էր:

Նա հայտնվեց սենյակի շեմքի վրա և գոռաց.

— Չոջուխը հոն չէ:

Բոլորն սկսան ծիծաղել, ես հորս թևի տակից դիտում էի մեծ եղբորս, որի աչքերի զայրույթը հետզհետե փոխվեց խորը եղբայրական ժպտի: Վազեցի նրա մոտ և փաթաթվեցի մեջքին: Նա ինձ գրկեց, բարձրացրեց վեր: Նա այնքա՜ն բարձրահասակ էր և հզոր:

Այնուամենայնիվ, առավոտյան հայրս արգելեց ինձ թռուցիկ թռցնելը:

Անցնում էր ոսկյա ամառը, անցնում էր ունայն ինձ համար, սիրտս դատարկվում էր: Ամեն երեկո բարձրանում էի կտուրը, անձկությամբ դիտում թափառող «լուսինները»: Առաջին օրերն այնքան չէի տխրում, բայց քանի օրերն անցնում էին, քանի հալչում էր ամառվա ոսկին, քանի քամին շոյում էր իմ ճակատը և անց կենում, խորը տխրություն էր իջնում իմ հոգու վրա: Մի երեկո, երբ նստած էի կտուրին և ուրիշների սավառնող թռուցիկներն էի դիտում, երեկոյան այն պահին, երբ երկնքից վազում են ծիրանագույն առվակներ, վազում, թափվում են մի վիթխարի և բոսորավառ ծովում, մայրս բարձրացավ կտուրը, որպեսզի ստուգի արևի տակ եփվող քաղցրավենիները. տեսավ ինձ և զգաց իմ անսահման թախիծը, որ սև ամպի նման կանգնած էր այդ փառավոր երեկոյի մեջ: Մոտեցավ մայրս, գրկեց գլուխս և հարցրեց.

— Ի՞նչ ունիս, յավրու՛ս:

Ես աչքս հառեցի երկնքին և թափառող «լուսիններին»:

Երկար չկարողացա պահել իմ հայացքը: Աչքերս պղտորվեցին արցունքներից:

— Ես հայրիկիդ կըսեմ, թող հրաման տա, որ թռցնես, ամա թելը լոդին չպիտի կապես,— ասաց մայրս:

— Չեմ կապեր, — հեկեկացի:

Առավոտյան սկսեցի կառուցել նոր թռուցիկ, ավելի մեծ, քան երբևիցե կառուցել էի:

***

Մեր երիտասարդ ուսուցիչներից մեկը, որի հետ մենք՝ մանուկներս, գրեթե ընկերներ էինք, մի օր հայտարարեց.

— Տղա՛ք, ձեզի տանիմ մեր գյուղը:

Մենք լսել էինք, որ նրանց գյուղը Մաստառի ստորոտումն է, դարավոր ծառեր կան այնտեղ, ծառեր, որոնց բներում մի ողջ գյուղական ընտանիք կարող էր տեղավորվել և ապրել: Լսել էինք նաև, որ նրանց գյուղի եկեղեցու տակից ջուր է գալիս այնքան առատ, որ կարող էր երկու սայլ, իր եզներով, քշել տանել: Նրանց գյուղի առաջով անցնում էր Արածանին, կապույտ և վետվետող ժապավենի նման:

Հետիոտն ճանապարհ ընկանք երեկոյան, ցերեկվա արևից խուսափելու համար: Գնում էինք կտրուկ ճանապարհներով, երբեմն քայլելով արտերի վրայով: Մեր ոտների տակ՝ ոսկյա արտերը, իսկ վերևում՝ կապույտ գմբեթը աստղերով: Կատակում ենք, հռհռում, կռանում ենք, ջուր խմում վազող առուներից, վճիտ և երգեցիկ առուներ, որոնց եզերքների խոտը թարմագեղ կանաչ է՝ ինչպես ճիչը մանուշակագույն գիշերում:

Մտանք ցորենի անսահման մի դաշտ:

Երկինքը գնալով ցածրանում էր, աստղերը թափվում են մեր աչքերի մեջ: Ջինջ լռությունը խանգարում էինք միայն մենք և ընկնող աստղերը:

— Կուզեք մնանք էստեղ, մինչև լուսաստղը երևա,— հայտարարեց ուսուցիչը:

Բոլորս էլ կանգ առանք:

Լռությունն ավելի լռեց, երկինքն ավելի ցած իջավ:

Երկարեցինք հասկերի վրա:

Օդը ջինջ է, մաքուր, ինչպես առվակների ջրերը:

Ո՛չ մի շշուկ: Քնող ընկերների շնչառությունն է միայն լսվում, կարծես ոսկյա հասկերն են շշնջում:

Ուզում եմ, որ ամեն ինչ կանգ առնի, ինչպես որ կա՝ երկինքն աստղերով, հողը՝ հասկերով, լռությունն իր ջինջ կապույտով:

Մի փոքրիկ ամպ, սավանի չափ, շղարշային սպիտակ, չգիտեմ որտեղից երևաց և սկսեց օրորվել մանիշակագույն մշուշում: Օրորվեց, տարածվեց, նոսրացավ և լուծվեց, ինչպես մի երազ: Աչքերս փակվում են, բայց ես սպասում եմ լուսաստղին:

Հանկարծ լսեցի ընկերներիս ձայնը: Բաց արի աչքերս — արևը լողում էր հասկերի վրա:

Արևը զարթեցրեց դաշտում նոր բույսեր, որոնք թաքնվել էին գիշերվա ծոցում: Զարթեցին և գույները: Զարթեցին բյուրավոր թռչունները:

Ամեն ինչ զարթեց արևի հետ:

***

Ամեն երեկո մեր տան կից Ալեք աղան դուրս էր գալիս, ձեռքերը դնում գրպանը և անշարժ նայում անցնողդարձողին:

Շատերը նրան բարևում էին, նա հազիվ աչքերից մեկը խուփ էր անում՝ իբրև պատասխան:

Ալեք աղան 45 տարեկան կար: Ամուրի էր: Բայց նրա ամուսնանալու մասին ամբողջ մեր թաղը խոսում էր:

Պատմում էին, որ քսան տարուց ի վեր ծնողներն արդեն մեռել էին, ճգնել էին ամուսնացնել նրան, բայց ոչ ոք չէր ցանկացել աղջիկ տալ:

Ալեք աղան ո՛չ խմող էր, ո՛չ բարկացող և ո՛չ էլ չքավոր: Նրա բնավորությունը մեղմ էր: Այդ բնավորությունը բաղդատում էին իրենց կովի հետ:

Հակառակ այդ մեղմ, կովային բնավորության, որին սիրարհար էին աղջիկ ունեցող մայրերը, Ալեք աղայի դեմքը դաժան էր, գիշերը երեխաները նրանից սարսափում էին, մինչև անգամ շատ մոտիկ մարդիկ վախենում էին նրա տեսքից: Եվ այդ բոլորը նրա միրուքի, սև, երկար միրուքի պատճառով: Այդ միրուքը նրան դարձնում էր ահեղ: Այդ միրուքի համար էլ Ալեք աղան չկարողացավ գտնել մի աղջիկ այս աշխարհում հոգու և մարմնի մխիթարության համար:

Ալեք աղայի չամուսնանալն իր համար ողբերգություն չէր, որովհետև, ըստ երևույթին, նա արդեն հասել էր մխիթարիչ փիլիսոփայության, բայց ոչ մեկ փիլիսոփայություն չէր կարող փրկել նրա քրոջը՝ Խսկուհուն, որ Ալեք աղայից հինգ տարով փոքր էր:

Մինչև մեծ եղբայրը չամուսնանար, փոքր քույրն իրավունք չուներ ամուսնանալու: Այդպես էր այդ աշխարհի օրենքը:

— Ինչպե՞ս քույրը մարդու ծոցը մտնա, երբ աղբարը կնկա ծոց չի մտեր, — պատճառաբանում էին այդ աշխարհի մարդիկ:

Մեծ եղբոր գործած հանցանքը միայն կարող էր արդարացնել փոքր քրոջ գործելիք հանցանքը:

Քառասուն տարեկան Իսկուհուն այլևս ոչ մի ւիիլիսոփայություն չփրկեց, հակառակ նրան, որ թե՛ Ալեք աղան և թե՛ մոտիկ ազգականները համաձայնեցին, որ առանց մեծ եղբոր ամուսնանալուն փոքր քույրը կարող էր ամուսնանալ:

Էլ ո՞վ գրոշ կտար Իսկուհուն:

Իսկուհին մնաց տանը:

Նրա մեջ աճեց մի անլուր կատաղություն, պառավ կույսի կատաղություն:

Աղմուկ, ճչոց, ամանների կոտրատում, շռա՛խկ, շռու՛խկ:

Այս աղմուկի մեջ երբեմն լսում էինք Ալեք աղայի մեղմագին ձայնը՝ «Յավա՛շ, յավա՛շ, ամոթ է»:

Բայց Իսկուհու համար այլևս ոչ մի ամոթ: Ծնվել էր, ապրել, մեծացել, և ոչ ոք նրան չէր գրկել ու կրծքին չէր սեղմել, էլ ի՞նչ ամոթ:

Շռա՛խկ... Իսկուհին ճաշի ամանը, ճաշով միասին, տվեր էր Ալեք աղայի գլխին, միրուքը ողողել էր յուղաջրով:

Ամայի և մեծ տան մեջ մնացել էին երկու ամուրի և խոշտանգում էին իրար:

Թեև Ալեք աղան մեղմ էր, բայց անտանելի էին նրա ամուրիական սովորույթները, որոնք կարծր էին, համառ:

Երբեմն Իսկուհին կատաղում էր կովի հանդեպ, երբ նա զարունքին

սկսում էր բառաչել և Ալեք աղան պատրաստվում էր տանել նրան գյուղ, որպեսզի բառաչը դադարեցնել տա: Չբավականանալով կովին քացի տալով և անիծելով՝ բաց էր անում պահարանը, դուրս քաշում մի քանի հին, թանկագին ամաններ, նետում, կոտրում:

Ամանները կոտրատում էր, որ հանգստանա:

Ալեք աղան երբ տեսնում էր այդ, մեղմագին ասում էր.

— Աղեկ ըրիր, հանգստացար:

Հաջորդ օրը Ալեք աղան կովը գյուղ էր տանում, Հանգստացնել էր տալիս և ետ բերում:

***

Ալեք աղան մեր փողոցի միակ Հաասակավոր ամուրին չէր: Նրա տնից մի քանի դուռ վերև ապրում էր Հաջի Սողոմոնը:

Ամեն անգամ, որ Ալեք աղայի մասին խոսվում էր, Հաջի Սողոմոնը միայն մի բան էր ասում.

— Ալեքն ըլ ինձի պես էշ է:

Հաջի Սողոմոնը քառասունն անց, բավական սպիտակ գլխով, աչքերը շաշ և խելքից էլ խեղճ մի մարդ էր, որ էշի փալան նորոգելով էր ապրում:

Նրա ուշ ամուսնանալու պատճառն իր ընտանեկան դրությունն էր:

Նրա ամուսնության հարցը բավական հասունացած էր, երբ հայրը մեռավ: Մի քանի տարի անցավ՝ մայրը մեռավ, մոր մեռնելուց մի երկու տարի հետո, հորաքույրը նրան հազիվ համոզեց ամուսնանալ, բանտարկեցին: Բանտից դուրս եկավ՝ իրան հոռետեսության տվեց:

Այսպես անցան տարիներ, գլուխը սպիտակեց, մի քիչ սկսեց հազալ: Ինքն էլ, բոլորն էլ համոզվեցին, որ ամուսնանալն այլևս չպետք է ուշացնել, և հաջի Սողոմոնն ամուսնացա՜վ:

Սովորություն կար այդ աշխարհում, որ երբ հարսնևորները գնում էին տուն, և փեսան քաշվում էր իր հարսի հետ առանձին սենյակ, թաղի բոլոր 10-ից 15, մինչև 16 տարեկան տղաները հավաքվում էին առագաստի սենյակի լուսամուտի տակ և սկսում էին դաժան, անգութ մի կատակ:

Երեխաներից յուրաքանչյուրն իր հետ բերում էր մի որևէ առարկա, որով կարողանար ամենաանախորժ աղմուկը ստեղծել: Մեկը՝ դատարկ տակառ, մյուսը՝ մի թիթեղե նավթի սնդուկ, մի ուրիշը՝ բոժոժներ, հաջորդը՝ մի զուռնա, թմբուկ, շատերը՝ միայն երկու տափակ տախտակներ, շատերն էլ՝ երկաթի կտորներ: Ոմանք միայն գոռում էին, ցատկում, աղմկում, ոմանք՝ միայն հրահրում կատակը: Այս բոլորի հետ հավաքում էին նաև թաղի շները, որոնք, միևնույնն էր, մինչև առավոտ պետք է հաչեին կամ ոռնային, ավելի լավ էր խառնվեին իրենց ցերեկվա ընկերներին:

Երբ հաջի Սողոմոնի հարսնևորները գիշերվա ժամը 12-ին հեռացան պարտեզից (ամառ էր, և հարսանիքը պարտեզումն էր), վառվեց հաջի Սողոմոնի սենյակի ճրագը, և մեկը փակեց լուսամուտի վարագույրը:

Երեխաները հավաքվեցին հաջի Սողոմոնի լուսամուտի առաջ և սկսեցին աղմկել:

Անասելի աղմուկ, անողորմ, վայրենի, բարբարոս մի աղմուկ:

Ամբողջ թաղը զարթնեց:

Կտուրների վրայի անկողիններից մարդիկ բարձրացան սպիտակ շորերով, եկանշարվեցին քիվերի վրա:

Երբ աղմուկը մի քիչ դադարում էր, որպեսզի ավելի անախորժ կերպով վերսկսի, կտուրների վրա գտնված մարդիկ հռհռում էին բարձրաձայն և ավելի քաջալերում երեխաներին:

— Հաջի՜ Սո՜ղո՜մո՜ն... — աղաղակում էր մեկը,— մյուսները միանում էին,— հաջի՜ Սո՜ղո՜մո՜ն...— և այս աղաղակին հաջորդում էր տակառի, տախտակների, երկաթի, զուռնայի և թմբուկի անազորույն երաժշտությունը:

— Հաջի Սողոմոնն ամուսնացե՛ր է...

Խումբը կրկնում էր.

— Հաջի Սողոմոնն ամուսնացե՛ր է...— և՝ էլի անկարեկիր աղմուկ:

Բոլոր փեսաներն էլ այդ ցույցը բնական և սովորական էին համարել, լուռ լսել և շարունակել գիշերում ապրել առավոտը մի նոր կյանքի, բայց Հաջի Սողոմոնը չհամբերեց, բաց արեց լուսամուտը, սպիտակ շապիկով մինչև մեջքը դուրս ընկավ և սկսեց հայհոյել.

— Չե՞ք ամչնար, ի՞նչ է, գացեք հորերնուդ քով, մորերնուդ քով, շա՛ն որդիներ...

Հաջի Սողոմղնն այնքան բարձր էր գոռում, որ կոկորդը քորվեց, սկսեց հազալ և, չկարողանալով բոլորն ասել, փակեց լուսամուտը և քաշվեց ներս:

Տանիքների վրա բարձրացավ ընդհանուր և սրտագին մի հռհռոց:

— Վա՜յ էշի՛ գլուխ, չկրցավ սաբր ընել[16], ծո՛, ի՞նչ ես դուրս եկեր, մու՛տ կնկանդ ծոցը, — ասում էին շատերը:

Իսկ կատակողների խումբը վերսկսեց իր աղմուկն այնպիսի վերանորոգված վայրենությամբ, որ Հաջի Սողոմոնին հասցրեց ջղայնության չտեսնված գագաթնակետին:

Հաջի Սողոմոնն էլի բացեց լուսամուտը և խորագույն լրջությամբ հայտարարեց.

— Հեռացե՛ք, կըսիմ:

— Հաջի Սողոմոնն ամուսնացե՛ր է... — գոռաց մեկը, և մյուսները կրկնեցին.— Հաջի Սողոմոնն ամուսնացե՛ր է...

---

[16] համբերել

— Հաջի Սողոմոնն ամուսնացե՛ր է, հա՛, դուք Հաջի Սողոմոնի քեֆին քեհյա՞ն ե՛ք, բոզի լակոտներ, ձեր մորը, հորն ի՞նչ ըսեմ, անկիրթներ, — պատասխանեց Հաջի Սողոմոնը:

Կատակողներր նշմարեցին, որ մեկը մթնում ետևից նրան քաշում է ներս և լուռ աղաչում.

— Սողոմոն աղա, ձեն մի հաներ, օսանմիշ կըլլին[17], կիերտկին կերթան:

— Աղջի՛, թո՛ղ, — աղաղակեց Հաջի Սողոմոնը և ետ քաշվեց:

Տանիքների հռհռոցի հետ բարձրացավ էլի մի սարսափելի աղմուկ:

— Հե՛յ, հաջի Սողոմոն, կրնաս նը, քնացիր:

— Հաջի Սողոմոնը կնիկ է առե՛ր...

— Հաջի Սողոմոնը փալան տի շինե կնկանը համար:

— Վա՛յ, հաջի Սողոմոն, կնիկ կառնես, հա՞:

Թմբուկ, տախտակ, թիթեղ, երկաթ, զուռնա, աղաղակ, ճչոց, հրհռոց ամեն ինչ խառնվեց իրար, շարունակվեց կատաղի այդ կատակը:

Երեխաներից մեկը, կլոր, կարճահասակ, խուճուճ մազերով, հաստ ձայնով, փայլուն և չարաճճի աչքերով, կանգնեց մեջտեղը, լուսնկայի լույսի տակ նշմարելի էր նրա հաստ շրթունքների վրայի չոր ծիծաղը, և հայտարարեց.

— Տղաքնե՛ր, գիտես քի հաջի Սողոմոնը քնացավ, բարձրանանք փենջերեն:

Մի քանիսը ցատկեցին և սկսան մագլցել պատուհանը:

Երբ մեկը բարձրացավ լուսամուտը և սկսեց թակել, հաջի Սողոմոնն արագ կերպով բաց արեց լուսամուտը և բռունցքի մի հարվածով վար

---

[17] կձանձրանան

գլորեց բարձրացողին: Ընկնողն անվնաս էր, բայց դա կատաղեցրեց մանուկ ամբոխին: Սկսեցին էլի բարձրանալ:

Հաջի Սողոմոնը հանկարծ հայտնվեց փողոցում՝ սպիտակ շապիկով ու վարտիքով, սկսեց աջիցձախից խփել:

Մանուկները ցրիվ եկան, բայց հաջի Սողոմոնը բռնեց երեխաներից մեկին, գցեց ոտի տակ ու սկսեց քացով տալ այնքան, որ երեխայի շունչը կտրվեց:

Հաջի Սողոմոնի նորահարսը լուսամուտից, մի սպիտակ սավան գլխին, աղաղակում էր աղիողորմ լացով.

— Սողոմոն աղա, ոտքդ պագնեմ, ներս եկո՛:

Հաջի Սողոմոնը չէր լսում, շարունակում էր քացի տալ շունչը կտրված երեխային:

Կտուրներից աղամարդիկ ցատկեցին և բռնեցին նրան:

— Չե՞ս ամչնար, էշշեկ, տղան մեռավ, ի՞նչ պատասխան տի տաս:

— Թո՛ղ սատկի, ես էլ մարդ իմ:

Երեխայի վրա ջուր թափեցին, բայց անօգուտ: Երեխան մեռել էր:

Ոստիկանությունը վրա հասավ: Հաջի Սողոմոնը, շապիկով, վարտիքով ձերբակալվեց և տարվեց:

Ամբոխը ցրվեց: Տիրեց խոր լռություն:

Միայն հաջի Սողոմոնի նորահարսն էր, որ ամբողջ գիշերը լաց էր լինում և ասում.

— Պսակս կիսատ մնաց:

— Է՛հ, մնաց, մնաց, — մխիթարում էր մի հարևանուհի, — նորեն կը կարգվիս, աղեկ որ ուրիշ բան չպատահեց:

Այսպես, հաջի Սողոմոնը չկարողացավ մտնել ամուսնական կյանքի շեմքից ներս:

Նրա հարսնացուն մի քանի օր սպասեց հաջի Սողոմոնի տանը, մորաքրոջ հետ, և ապա նա էլ վերադարձավ մորանց տունը:

— Խեղճը ձեռք չդիպած ետ գնաց, — ասում էին հարևանները:

***

Մթնշաղ է, բայց փողոցում շատ մարդիկ կան, օդը տաք է: Գարնան օրեր: Լուսին:

Ես փողոցում խաղում եմ: Հանկարծ սկսեց մի իրարանցում: Մարդիկ հավաքվեցին փողոցի մի կետում, ինչպես հավերն են հավաքվում, երբ կուտ են զգում:

Հավաքված բազմությունը լուռ է, մինչև անգամ որոշ մտատանջություն կա նրանց դեմքերի վրա:

Վազեցի:

Երկու ոստիկան պաշարել են մեր հարևան Նշան աղային և քաշքշում են: Նշան աղան ոգի ի բոին պայքարում է նրանց դեմ:

Նա կռնակի վրա մի մեծ կողով ունի: Ըստ երևույթին, կողովը ծանր է: Նշան աղայի քամակը կորացել և պարզապես կքել է այդ ծանրության տակ, վզի երակներն ուռել են:

— Ի՞նչ կա կողովի մեջ,— հարցնում են ոստիկանները:

— Խաղող է, — պատասխանում է Նշան աղան:

Ոստիկանները սկսում են հռհռալ: Գարնան ի՞նչ խաղող: Նշան աղան շփոթվել է, սխալ պատասխան է տվել:

— Չոր խաղող է, չամի՛չ, — ուղղում է Նշան աղան:

Ոստիկանները պնդում են, որ կողովը ցած դնի և բաց անի։

Մարդիկ սփրթնում են։ Պարզ է։ Նշան աղան փամփուշտ է փոխադրում և բռնված է։

Սարսափելի դժբախտություն, նրան սպասում է բանտ, աքսոր, թերևս կախաղան։

— Իջեցրո՛ւր կողովը, բա՛ց։

Նշան աղան դիմադրում է, ապա և աղաչում, պաղատում։

— Կբանամ, միայն տուն տանիմ, հոնտեղ բանամ,— խնդրում է նա։

Բայց ոստիկանները համառում են, հակապետական գործ են բռնել, ուզում են հանդիսավորություն տալ, անպայման կվարձատրվեն բռնակալության կողմից։

Նշան աղան դառնում է բազմության և պաղատում ամեն մեկին։

Ոչ ոք չի միջամտում։ Վախենում են։

Վերջապես ոստիկանները բռնի կերպով ցած են զցում կողովը։ Ինչոր ճչոց է լսվում։ Բաց են անում կողովը, միջից դուրս է գալիս մի կին, երեսը ծածկած, ճչում է ու լաց լինում։

Նշան աղան միայն մի ուղղությամբ հառել է բյուրեղացած, հիմարացած աչքերով։

Աիաբեկված բազմությունը հանկարծ սկսում է բարձր և անզուսպ հռհռոց, դիվային մի ծիծաղ, և մեկը սկսում է աղաղակել.

— Նշան աղան սեփեթով բոզ կտանե՜...

Այդ աղաղակին խառնվում են ուրիշ աղաղակներ։

— Բոզը սեփեթեն դուրս եկավ...

— Վա՛յ խայտառակ հերիֆ, բոզը սեփեթին մեջ է դրեր...

Կինն ուզում է փախչել, ոստիկանները բռնում են:

Բազմության մի մասը պաշարում է Նշան աղային, մյուս մասը՝ կնոջը, ծափ են տալիս ու ծաղրում:

Նշան աղան փախչում է: Բազմությունը, թողած կնոջը, ընկնում է նրա ետևից:

— Սեփեթով բոզ կտաներ, բռնեցի՜ն...

Ոստիկանները բաց թողին կնոջը, որը հրդեհից ահաբեկվածի նման, փախավ և կորսվեց:

Ոչ ոք չիմացավ, թե ո՞վ էր և ո՞ւր գնաց: Նշան աղան հասավ տունը, բայց չմտավ ներս, առաջ անցավ, որպեսզի բազմությունը չխռնվի դռան առաջ: Բազմությունը հետևեց նրան՝ շարունակելով անգութ ծանակը:

Նա մտավ մի նեղ փողոց, դուրս եկավ մյուս լայն փողոցը՝ բազմությունը ետևից:

Աղաղակները շատացան, որովհետև բազմությունը շատացավ:

Տեսնելով, որ ելք ձկա, Նշան աղան նորից դարձավ դեպի մեր փողոցը և մտավ իր տունը:

Բազմությունը խռնվեց դռան առաջ: Բերնեբերան դեպքը մեծացավ, մի կինը եղավ երկու:

Մի ամբողջ ժամ հռհռացին, աղաղակեցին և ցրվեցին: Նշան աղան մի քանի օրից հետո հազիվ դուրս եկավ:

Ասում էին, որ ծանոթներից մեկին ասել էր. «Հիսուն գիրեմ մսի համար քաղաքի մեջ խայտառակ եղա»:

ԺԱ

Անցնում էին մեր դռան առաջից ուղտերի քարավանները, որոնք գալիս էին Միջագետքից, գնում էին մինչև Սեբաստիա, Փոքր Ասիայի զանազան վաճառաշահ քաղաքներ և աշունքին, երբ մեր պարտեզներն արգասավորության լռումն էին առնում, վերադառնում էին դեպի անծայրածիր անապատները, դեպի բաբելոնական և արաբական հարուստ, ադամանդով, լուսաստղերի պես պայծառ քարերով լիքը քաղաքները:

Ուղտերը բերում էին մեզ հարավի քաղցր արմավը: Երբ քարավանները գալիս էին, մեր շուկան վերակենդանանում էր, ամբողջ քաղաքը դառնում էր նրանց բոժոժների երգը, քաղաքը լցվում էր ուղտերի խաղաղ, իմաստուն նայվածքներով և նրանց երկա՛ր, հոգնա՛ծ, աղերսական ձայնով:

Ուղտի նայվածքը խաղաղ է, ինչպես անապատի երկինքը: Այդ նայվածքի հիշողությունը համառում էր մնալ մեր տեսողության մեջ նրանց հեռանալուց հետո էլ:

Քայլելիս՝ նրանք լուռ հառում էին իրենց հարավի անեզրությանը սովոր աչքերը մեր փողոցի պատերին, կարծես որոնելով անհուն և խաղաղ հորիզոնը, անտարբեր մանուկների ամբոխին, որը ընկնում էր նրանց ետևից՝ ձմեռային գուլպայի բուրդը ձեռք բերելու համար:

Ահա անցնում է մի ուղտ, զարդարված արևելյան հարսի նման, փոքրիկ հայելու կտորներով, զարնան հնչունակության բոժոժներով, մետաքսի կտորներով, գույնզգույն բրդյա հյուսվածքներով:

Դա քարավանի տիրոջ ընտանիքին պատկանած ուղտն է:

Քարավանի տերը բերում է իր հետ նաև ընտանիքը՝ ցույց տալու համար հյուսիսի տարօրինակ երկրները:

Զարդարված, բարձր, մեծղի ուղտի կռնակին զետեղված է մի պատգարակ, գույնզգույն մետաքսե վարագույրներով, որոնք օրորվում են ուղտի ռիթմիկ շարժմանը համընթաց: Կանանց դեմքը ծածկված է ներքևից մինչև քթի կեսը, իսկ վերևից՝ մինչև հոնքերը. միայն սև աչքերն են փայլում, փայլում են ինչպես հարավի արեգակը: Անվերջ ծամում են, նրանց ծնոտների ելևէջը հնազանդում է ուղտի օրորումին, ծամում են խաղաղությամբ և ծուլությամբ, նայում են մեր քաղաքի լուսամուտներին, կտուրներին, տղամարդկանց, կանանց, ընկղմանած գույնզգույն, վառող գույներով փոքրիկ ստինքների պես ուռած բարձիկներին: Անապատների այդ կանայք ունեն երազուն աչքեր, ուղտը օրորում է նրանց անվերջ, օրորում է գիշեր և ցերեկ, բաբելոնական երկրներից մինչև փոքրասիական քաղաքներն ու գյուղերը:

***

Քարավանը շարժվում է, պետք է հեռանա քաղաքից: Վեր է կենում ուղտը, հառում է նայվածքը սահմանափակ հորիզոնին, տիրոջ հավատարիմ ծառան աճապարում է փոքրիկ սանդուղը բերել, դնել ուղտի փորին: Տերը բարձրանում է վեր, ընկողմանում է կնոջ կողքին:

Համբույր, բոժոժների երգ, ուղտի ռիթմիկ օրոր՝ քարավանատիրոջ ճանապարհորդությունը:

Քարավանը ճամփորդում է գիշեր և ցերեկ, կանգ է առնում միայն այն ժամանակ, երբ հարկավոր է բեռներն իջեցնել, փոխանակել ուրիշ ապրանքների հետ, վաճառել և ապա ճանապարհ ընկնել:

Երբ քարավանը քաղաք հասներ կես գիշերին, հեռվից լսում էինք բոժոժների երգը, որ քնքշորեն զրնգում էր պարզ, աստղազարդ երկնքի տակ: Դանդաղ, բայց համառորեն մոտենում էր քարավանը: Կիսաքուն տերերը սկսում էին օրորվել ուղտային ռիթմով՝ մինչև քարավանը կանգ առներ մեր քաղաքի հրապարակներից մեկում կամ առանց մեր քաղաքում կանգ առնելու՝ հեռանար, և բոժոժների զրնգոցը զերեզմանվեր մեր պարզ, կապույտկապույտ, աստղաշատ երկնքի ծոցում:

***

Մեր փողոցում բացվող հրապարակներից մեկում երեք օր է, ինչ մի քարավան է կանգ առել: Ուղտերի բուրգի, խմորի, ուղտապանների թաղիքների յուրահատուկ հոտ, ուղտերի հոգնած ձայներ և խաղաղ նայվածքներ: Ուղտապանների թաղիքե ցածր վրաններ: Երեկոյան օջախները վառվում են: Պարզ, պարզ մի կենցաղ: Ուղտապանները կերակրում են իրենց ուղտերին և անվերջ շոյում ու փայփայում նրանց: Նրանք բարձր չեն ծիծաղում, ժպտում են միայն: Նրանց ժպիտը դժգույն, մարող գույներով հազիվ գծագրվում է դեմքերի վրա և անհետանում: Ռայց անապատի մարդու նայվածքը իրային է, արևաշող, կիզիչ, խոնավ, փայլփլացնող, միշտ արթուն, խոսուն աչքեր, որոնք բերում էին մեզ իրենց ավազների ջերմությունն ու անդորրը:

Քարավանն արդեն ճանապարհի ընկավ: Ուղտերի կերկերուն, աղերսական և կարոտագին ձայնը բռնել է ողջ քաղաքը:

***

Բայց ուղտերից մեկը չի շարժվում, նստած է, վեր չի կենում, միայն նայում է:

Հավաքվում են ուղտապանները, թափանցում նրա աչքերի խորքը և հասկանում ուղտի բովանդակ հոգին — բռնել է նրա համառությունը — դժգունում է նրան կերակրող և խնամող ուղտքպանը՝ քարավանի տիրոջ զայրույթի վախից:

Ուղտը վշտացել է մարդկային մի կոպտությունից: Ետ է դառնում քարավանի տերը:

— Մնա՛ ուղտի հետ՝ մինչև համառությունն անցնի, կհասնես մեր ետևից, — հրամայում է ուղտապանին քարավանի տերը:

Ուղտապանը հնազանդվում է: Քարավանը զրնգացնում է բոժոժները: Համառող ուղտը դարձնում է իր վիզը, երկար նայում և երկար մի աղերսանք է ձայնում: Քարավանի տերը կանգնեցնում է ամբողջ քարավանը. միգուցե ուղտը ցանկանա քարավանից չբաժանվել, բայց զո՜ւր, ուղտը նստած է և չի ուզում վեր կենալ: Քարավանը շարունակում է ճանապարհը դեպի Միջագետք, դեպի բաբելոնական և արաբական անապատները:

Համառող ուղտի պահապանը փռում է իր թաղիքը ուղտի կողքին, վրան քաշում է իր աբան ու քնում է այն հույսով, որ մինչև զարթնելը՝

ուղտի սիրտը կքնքշանա, կլինի անհիշաչար և երեկոյան կհասնի քարավանին:

Անցան օրեր, և ուղտը շարունակեց իր անասնական համառությունը: Ուղտապանը հոգնեց նրան շոյելով: Ուղտի սիրտը կարծրացել էր, ինչպես մեր երկրի ժայռը:

Աշնան ցուրտը սկսեց սարսափեցնել հարավի բնակչին: Ուտելիքը պրծավ: Ոչ ոքի չի ճանաչում, որ դիմում կատարի, ուտում է ուղտի համար պատրաստած թույլ խմորից, հասկացնում է ուղտի քամակից բուրդ գողացող երեխաներին, որ եթե հաց տան, ինքը կքաշի և կտա:

Մի քանի օրից ուղտը մերկացավ, ուղտապանը վաճառեց բոլոր բուրդը: Ուղտն ինքն էլ է մրսում՝ անապատի այդ հերոսը: Այլևս բուրդ չկա, որ հացի հետ փոխանակի, հասնում են մուրացկանության օրերը:

Թաղի երեխաները հաց են տանում, կերակրի մնացորդներ: Ուղտապանը գրկում է մանուկներին, շնորհակալության համար համբուրում:

Մի քանի հուժկու երիտասարդներ որոշում են օգնել անապատի մարդուն:

— Անգամ մը որ կայնի, կերթա, մինչև անապատը մեկ սոլուխ կերթա, — մտածում են նրանք:

Բերում են երկու սյուն, մեծ դժվարություններով կոխում նստած ուղտի ոտների արանքը և 20 հոգով վեր են բարձրացնում նրան: Աղերսական, ձգձգուն, երկար ողբով բարձրանում է ուղտը, կանգնում: Հրճվում են բոլորը, անապատի մարդը չի կարողանում իր հրճվանքն արտահայտել, ժպտում է մեղմ, սրաններան գրկում: Բայց մեկերկու րոպե հետո՝ ուղտը օրորվում է ետ ու առաջ, չոքում և նստում: Մռայլը պատում է անապատի մարդուն:

— Համա ինադ է հա՜, —- ասում են բոլորը:

Թափվում է առաջին ձյունը երկրում, հազիվ գետնին է հասնում, բայց երբ նստում է մեր սև հագուստների վրա, տեսնում ենք մարդկային ամենանուրբ ասեղնագործից ավելի նրբագույն բանվածքը բնության ձյան առաջին այդ սպիտակ հատիկների մեջ:

Մենք դիտում ենք ձյունը և հրճվում, բայց անապատի մարդու համար ահավոր են ձյան առաջին փաթիլները:

Ուղտն էլ նայում է տարօրինակ սպիտակ փաթիլներին, և երբ մի խոշոր փաթիլ ընկնում է թարթիչների վրա՝ փակում է աչքերը գլխի ջղային շարժումով:

Ուղտապանը ծնկի եկավ ուղտի առաջ, փաթաթված աբայի մեջ, և խորը հուսահատությունով սկսեց լաց լինել առաջին անգամ: Մենք կանգնած ենք մոտը, հաց ենք տարել նրան: Անապատի քաղցած մարդը այլևս հացին էլ ուշք չի դարձնում:

Արցունքները, հակառակ ձյունի փաթիլներին, այրում են նրա կոպերը, գլորվում են քթի երկու կողմի առուներից վար և կորսվում բեղերի և միրուքի ցանցառության մեջ: Ուղտը ագահությամբ հառել է ուղտապանին, հառել է նրա աչքերի խորքը, հառել է նրա արցունքներին, ուղտապանի նայվածքն էլ արցունքների միջից ընկել է ուղտի խորունկ աչքերի մեջ, արցունքները գլորվում են, այրվում են նրա կոպերը:

Ձյունի փաթիլներից ստեղծված մեր հրճվանքին խառնվում է անապատի մարդու ողբը:

Հանկարծ ուղտը երկարեց ճիտը՝ մինչև երկուսի շնչերը խառնվեցին իրար: Ուղտն աղերսագին ձայնեց մի քանի անգամ, հնաց և սկսեց բարձրանալ:

Մենք ճչացինք:

— Դնեն ելա՛, դնեն ելա՛վ. . .

Ուղտապանը սրբեց իր արցունքները, հավաքեց մեր բերած հացը, ճանկեց ուղտի թամբը, մագլցեց վեր ու ճանապարհ ընկավ դեպի անապատը՝ ժպտու՛ն և ուրա՛խ:

Փողոցի երկու կողմերում մարդիկ կանգ էին առնում և դիտում համառ ուղտին, որ օրորվելով քայլում էր, աղերսում, աչքերը հեռուն֊հեռուն հառած:

Ուղտապանը ողջունում էր փողոցում կանգնած մարդկանց, հավաքում նրանց նետած դրամները, հացի կտորները լցնում տոպրակի մեջ և հեռանում քաղաքից դեպի ավազները, դեպի հարավի արեգակը:

Նա հեռացավ մեր երկրից, որտեղ սկսվել էր դաժան ձմեռը կարմրած և դեղնած տերևներով աշունքից հետո:

***

Աշունն ուշ էր հեռանում մեր երկրից, համառում էր՝ մինչև աղքատ կանայք վերջացնեին իրենց բաշաղը[18], մինչև կտուրի վրա եփվեին արևով պատրաստված քաղցրավենիները:

Միայն աշունքին զգում էինք, որ արև կա և քաղցր է, դուրեկան:

Մեր պարտեզի ծառերը դեղնում էին և կարմրում՝ արյան գույն: Մեծ, ապատկի չափ տերևներ էին ընկնում ծառից, ծուլորեն օրորվում օդում, արևի ճառագայթներից լուսավառվելով, նման հրդեհի մեծ բոցերից կտրված լեզուների:

Սկսվում էր ահարկու մի պայքար աշնան քամու և արևի միջև: Ամենահզոր արևը վերջ ի վերջո տեղի էր տալիս քամուն, որ կամաց֊կամաց դառնում էր անգութ մի սառնամանիք:

Դաժան, երկարատև ձմեռ: Ձյունը թափվում էր մեծ, տերևի չափ փաթիլներով, լցնում էր փողոցը, բարձրանում, հասնում էր մինչև լուսամուտները, տները գերեզմանվում էին երկրի խորքում, դռները փակվում, փողոցը հավասարվում էր մոտավորապես տանիքներին, և փողոցից ուղղակի քայլում էին դեպի տանիքը և տանիքի դռնից իջնում տան ներքնահարկը:

---

[18] այգեկութից մնացած խաղողի կամ ցորենի հավաքում

Ձյունը, փողոցները լցնելուց հետո, միաժամանակ դադարում էր: Անողոք ցուրտը սառեցնում էր ձյունը, կարծրացնում, և ձյունը սկսում էր ոտների տակ ճզրտալ, խշխշալ: Փողոցներից անցնողների թիվը իմանալու համար հարկավոր չէր լուսամուտներից դիտել նրանց, որոնք արդեն ծածկված էին ձյունով, ոտնաձայներից կարող էինք գուշակել: Մինչև անգամ հարևանների ոտնաձայներից կարող էինք ճանաչել անձնավորությունը:

Անցնում է մեկը, մայրս անմիջապես ճանաչում է նրան՝ քայլվածքից:

Կեսգիշեր է:

— Կիրակոս աղան է, — ասում է մայրս, — աս ժամուն ո՞ւր կերթա, չըլլի քի հիվանդ ունի, երսուն տարի է էդ մարդը կեսգիշերին տունեն դուրս չի գացեր, բան մի պատահեր է:

Առավոտյան մորս առաջին գործը կլինի մեկին ուղարկել Կիրակոս աղայի տունը և հարցնել, թե ի՞նչ էր պատահել արդյոք կեսգիշերին: Ծառան վերադառնում էր և ասում.

— Բարև էրե, ըսե քի՝ բան չիկա, չոջուխին փորը սանջի էր կպեր՝ գացի դեղ բերի:

Մայրս անհանգստանում էր, քանի որ մահ կար, միայն մահն էր, որ մորս մտահոգություն էր պատճառում:

— Մեռնել է՝ ճարա չկա, ամեն բան կանցնի, դուն ըսե քի մահ չըլլի, — փիլիսոփայում էր նա:

Ձյունն ու սառնամանիքը տևում էին երեք ամիս:

Մեր փողոցի չքավոր տները զբաղված էին բամբակի բոժոժներ մաքրելով, իսկ հարուստ ընտանիքները ուտում էին անդադար և որոճում: Մարմինները անհամաչափ ուռչում էին, վզերից ճարպոտ մսեր քշէին կախվում, դառնում էին դանդաղ, ծույլ, քնկոտ, խոսում էին անհոգ, բերանները ծամածռելով, ծիծաղելով անտեղի, քնում էին երկար, կարծես զարթնում էին միայն ուտելու, որոճալու և նորից քնելու համար: Մարմնի ճարպոտ ուռուցքներից բացի, վրա էին hասնում հղիության ուռուցքները: Ձմեռվա կեսերին այդ ուռուցքները դառնում էին չափազանց ակնբախ:

Ձմռան կեսերին մեր տան բնակիչները, բացի հայրիկից և եղբայրներից, ուռչում էին այդպես, կլորանում, անվերջ թթու էին ուտում, ուտում էին մյուսներից գաղտնի, և քիչ անց սկսվում էին տան մեջ, զանազան գաղտնի անկյուններում, կանացի ճիչեր, իրարանցում տան կանանց շրջանում, և կանացի ճիչերին հաջորդում էին նոր ծնված երեխաների «ընդա»ները: Տան ամեն մի սենյակում, ամեն մի անկյունում լսվում էր նրանց ճվվոցը: Խոհանոցից անցնել չէր կարելի, մարդահասակ բարձր թոկեր էին քաշած և վրան փռած երեխաների շորեր: Ամբողջ վեց ամիս այդ թոկերը չէին մերկանում, շորերը լվացվում էին անվերջ և անվերջ կախվում, շատ անգամ մի քանի շոր իրար վրա կախված՝ թոկերի կարճության պատճառով:

Սկսվում էր հորս ջղայնության շրջանը, դուրսը՝ ձյուն, սառնամանիք, ներսը՝ անվերջ ճվվոցներ: Նա ամեն օր հարցնում էր.

— Էսօր ամսու քանի՞սն է:

Ուրախանում էր, որ պատասխանում էին՝

— Ամսու երեսունն է:

— Է՜հ, աս ամիսն ալ գլտըրեցինք, — մրթմրթում էր նա ինքն իրեն և սկսում էր ճանապարհորդության պատրաստություն տեսնել:

Նա փախչում էր դեպի Ստամբուլ ազատվելու համար երեխաների ճվվոցներից:

Գնալուց առաջ նա երեխաների մի ցուցակ էր հետը տանում, որպեսզի ոչ ոքին չմոռանա: Բոլորին նվերներ էր բերում: Գնալուց հետո էլ նոր ցուցակ էր ուղարկում նրան մայրս՝ նոր ծնվածների ցուցակը: Երբեմն չափազանցված ցուցակ էր ուղարկում:

— Թո՛ղ բերե, պետք կըլլի, — ասում էր նա:

Հայրս վերադարձին մի սնդուկ էր հանձնում մորս և այլևս ոչնչի չէր խառնվում: Բայց սովորություն կար, որ բոլորն էլ իրենց մանուկներին գրկած՝ գնում էին նրա ձեռքը համբուրելու: Հայրս փոխադարձ «ապրիս» էր ասում յուրաքանչյուրին և երեխաներին համբուրում: Երբ շարքը վերջ չէր գտնում՝ հայրս մրթմրթում էր.

— Բա՛, բա՛, բա՛, ուրիշ գործ չեք ունեցել:

Օվա Բաղլարիում մենք այգի ունեինք:

Օվա Բաղլարին քաղաքին կից, բայց ընդարձակ տարածությամբ մի այգեստան էր՝ բացառապես խաղողի և նշենիների: Մեր այգին գտնվում էր այդ ընդարձակ այգիների գրեթե մեջտեղում: Աշնան վերջում, այգեկութի ժամանակ. բոլոր այգի ունեցողները 10—15 օրով փոխադրվում էին այնտեղ, սպիտակ վրաններ էին խփում և սկսում էին եռուն այգեկութը: Գիշերները ցուրտ էր լինում, ուստի ամեն մի այգում խարույկ էր վառվում:

Այդ օրերի գիշերներում Օվա Բաղլարին, երբ դիտում էին սարից, նման էր բոցավառված խարույկներով երկնքի: Խարույկի շուրջը պարում էինք, երգում: Բոլոր աղջիկներին ազատություն էր տրվում այդ օրերին խարույկի շուրջը պարելու: Խարույկներն այնքան բոցավառ, արծարծուն էին լինում, որ շուրջը պարողների երեսները կարմրում էին: Այդ օրերին աղջիկների մեծագույն մասը գտնում էր իր նշանածին: Պարից, երգից և խարույկից տաքացած վառվում էին և նրանց սրտերը: Նրանք, որոնք գտել էին մի ջահել սիրտ, կորսվում էին մեծ թփերի ետևում, խարույկներից հեռու, կարմրած, քաղցրացած ողկույզների տակ, և վառում էին հավիտենական խարույկը, սիրո խարույկը:

Ցուրտ, կապույտ գիշերում, լուսնի կաթնահորդ փրփուրների տակ, շրթունքները հպում էին իրար, անցնում էր նրանց ոգու միջից տիեզերական շունչը: Երբ տղան գրկում էր աղջկան, նրան թվում էր, որ ամբողջ բնությունը փաթաթվում է իրեն կրակե թևերով, և տղային թվում էր, որ գրկել է ողջ բնությունը իր բոլոր մրգերով, իր բոլոր արևներով ողկույզներով, ահա կծկվել է իր թևերի մեջ անհուն մի դաշտ թարմ խոտի բույրով, և վերջապես սա այն Զարուհին չէ, այլ բոցավառված խարույկն է իր թևերի մեջ:

— Տեսնանք սըվոնք ո՞ւր գացին, — հանկարծ լսվում է:

Երկու ջահելները կուրծքկրծքի, շրթունքշրթունքի անշարժանում են: Չարաճճի ընկերները հեռացել են խարույկից և ուզում են խաղ խաղալ ողկույզների և տերևների տակ պահվող ջահելների հետ:

Ավելի են սեղմվում իրար, թևերն ավելի են պրկվում, և պահը դառնում է հավիտենական:

Երբ այգեկութը վերջանում էր, վերադառնում էին տուն, տան ծերունիները տեսնում էին, որ իրենց աղջիկը կամ տղան արտակարգ խանդավառության մեջ է, ջրով թացացնում է մազերը, սանրում, այնպես որ լույսի տակ սաթի նման փայլի: Պարզ էր, որ բնությունը, աշնանային, բեղմնավորված, կուրծքը լիուլի լցված բնությունը հպվել է նրանց հոգուն, այրել է նրանց սրտի աղվամազը:

Եվ ահա տղայի ծնողները հանդիսավոր գալիս էին աղջկա ծնողների մոտ:

Տանը ոչ ոք, բացի աղջկանից, չէր իմանում սկզբում նրանց գալու նպատակը: Աղջիկն իմանում էր, որովհետև տղան կտուրի վրա թուղթ դրած կլիներ թե՝ «Իրիկունը պապս, մարս տի գան քեզ ուզեն, քեզ հարցնեն նե՝ չամչնաս, ըսե՝ ես ըլ կուզեմ»:

«Եթե մըզի հարցներ՝ մեր կամքովն է, ամա տեսնանք աղջիկը կուզե՞» —՛պատասխանում էին աղջկա ծնողները տղայի ծնողներին:

Եվ կեսգիշերին աղջկա մայրը, անպայման մայրը, հարց էր տալիս աղջկան.

— Քա, Զարուկ, քեզ կուզեն, ի՞նչ կըսես:

Աղջիկը չի պատասխանում, կարմրում է, ապա ծիծաղելով փախչում:

Մայրը հայտնում է իր խորհրդակցության արդյունքն ամուսնուն՝ «էսպես, էսպես»...

— Է՛հ, տանք որ երթա, խեյրը տեղ է ըրեր:

Մինչև առավոտ ամեն ինչ հայտնի է, բայց անմիջական պատասխան չեն տալիս, դա էժանություն է, երբեմն մինչև անգամ անցնում է մի ամիս, իբր թե աղջկան համոզում են, բայց երբ պատասխան էր տրվում, տղայի կողմից անմիջապես նշանը բերում էին, ցույց տալու համար, որ իրենց ընտրած աղջկա համար նրանք ցանկություն ունեն շուտ շարժվելու:

Եվ պատահում էր, որ ողկույզների տակ բոցավառվող սերը, լուսինը, կապույտ երկինքը բոլորովին անհամապատասխան էին լինում երկու ջահելների ծնողների հարաբերության: Սև ամպերը կուտակվում էին, ծայր էր առնում ողբալի մի տրագեդիա:

Ոչ մի խրատ՝ ծնողներին համոզելու՝ չէր օգնում: Քարային համառությունը չէր փշրվում, չէ՞ որ գավառացի էին և հայ:

Եվ տարածվում էր աղետալի լուրը, տղան իրեն զցել է կտուրից ներքև, զանգն ամբողջ ցրիվ եկած: Եվ ահա մի ուրիշ աղետալի լուր՝ աղջիկը թունավորել է իրեն: Տղան իր մահվանից առաջ իր ձեռքով է տարել աղջկան խնդրած թույնը:

ԺԲ

Եվ գոյություն չուներ, բացարձակապես գոյություն չուներ պետական կամ հասարակական ոչ մի հիմնարկ, որ խնամեր խենթերին...

Խենթե՛ր...

Փողոցները լիքն էին զանազան տեսակի խենթերով: Նրանցից ոմանք եկել էին գյուղերից, ոմանք՝ ուրիշ քաղաքներից, իսկ շատերը նախկին բնիկ խելոքներ էին, որ գժվելով՝ դուրս էին ընկել տան շրջափակից:

Թերևս նրանցից մեծամասնությունը, այժմ մտածում եմ, կարող էր բուժվել, բայց ընկնելով փողոցները անխնամ՝ դարձել էր բոլորովին անբուժելի, որովհետև երեխաներն ու անկիրթներն ընկնում էին նրանց ետևից և ջղայնացնում, ավելի ևս մթագնելով նրանց հոգեկան քաոսը:

Գավառական քաղքենիությունը, որ ամեն մի հնացած, փտած սովորության համար, ինչոր բարոյականի համար մարդկանց կախաղան էր բարձրացնում, չուներ ոչ մի տեսակի բարոյական՝ զեթ խղճալու այդ տարաբախտ մարդկանց: Այդ քաղքենիությունը հրձվում էր, երբ երեխաներն ու ակիրթները սկսում էին դիվային խաղերը խենթերի հետ:

***

Հիշում եմ պարոն Բաղդասարին: Սա երկարահասակ, սև, երկար ու խիտ մորուքով և սև ու թավ հոնքերով մի մարդ էր: Նա եղել էր ուսուցիչ, խենթացել էր սիրուց՝ թաղականի աղջկա էր ուզել, մերժել էին թե՝ «խաֆան լեցուն, փորը պարապ վարժապետ է» և ահա, ֆրանսիական սև ռեդինգոտը հագին՝ ընկել էր տնից դուրս, ահաբեկված:

Ինչոր բանից վախենում էր ու... փախչու՜մ: Ի՞նչ էր տեսնում, ո՛չ ոք չէր հասկանում, ո՛չ ոք չէր ցանկանում հասկանալ:

— Պարոն Բաղդասար, եկա՜վ,..— ճչում էին անկիրթները:

Եվ ահա պարոն Բաղդասարը փրփրում էր, կատաղում և սկսում էր վազել ազատ արձակված սև ձիու նման՝ ահաբեկված, սարսափահար աչքերով: Մեկմեկ ետև էր դառնում, նայում և ավելի կատաղած ու սարսափած փախչում, փախչում էր փողոցից փողոց: Ամեն կետից՝ դռներից, լուսամուտներից, կտուրներից, փողոցի անկյուններից, հռհռում էին և լրբորեն ճչում.

— Պարոն Բաղդասար, եկա՜վ...

Ի՞նչ էր ուտում այդ նախկին մարդը, որտե՞ղ էր քնում, ոչ ոք չէր իմանում: Նրա եղունգները կարճանում էին կոտրվելուց, մազերը երկարում էին անվերջ՝ կեղտոտ և այլանդակ: Մինչև հիմա էլ, երբ հիշում եմ, սարսուռ եմ զգում, մարմինս փշաքաղվում է:

Պարոն Բաղդասարը մենակ չէր:

Կար մի թուրք խենթ, որ սովորաբար շատ հանգիստ և խելոք մարդ էր, գիտեր նորմալ խոսել ամեն մի նյութի մասին, բայց հանկարծ զազանանում էր և դեմը գտնված ամեն ինչ կոտրում ու փշրում: Նա գազանանում էր, որ մեկնումեկը «ֆըստ» էր ասում նրան: Հենց որ «ֆըստ» բառը լսեր, բոլորովին այլանդակվում էր: Իսկ «ֆըստ» բառը ոչ մի նշանակություն չուներ, լոկ բացականչություն էր: Այս խենթը պարոն Բաղդասարից այն տարբերությունն ուներ, որ սա խղճալի չէր, սրանից մարդիկ ահաբեկված և սարսափած փախչում էին: Այս խենթը հանգստանում էր այն ժամանակ, երբ մի քանի մարդկանց ծանրորեն վնասում էր, խանութների առաջ վաճառքի հանված մրգերի դեզերն էր կործանում կամ ապակիներն էր ջարդում:

Այդ բոլորից հետո՝ նրա կատաղության հիքը սկսում էր մեղմանալ, բայց հանկարծ մի կլասիկ ցինիկ նորից էր «ֆըստ» ճչում, միննույնը կրկնվում էր ավելի դաժան և անճոռնի պատկերներով:

Կար մի աղջիկ, այլանդակ գլխով, մազերը գզգզված և կեղտոտ, փեշերը վեր քաշած, անվարտի, ճաքճքած և սնացած սրունքներով: Կանգ էր առնում յուրաքանչյուր անցորդի առաջ, անճոռնի և դիվային ծիծաղում և փեշերն ավելի վեր քաշելով՝ ցինիկորեն ցույց էր տալիս:

Հայրս երբ տուն գար և մերժեր ճաշել, մենք բոլորս էլ իմանում էինք, որ պատահել էր այդ աղջկան:

Կար մի ուրիշ խենթ, որ ամեն օր ընտրում էր մի փողոց և այդ փողոցի մի որոշ կետից մի ուրիշ կետ անընդհատ գնում էր ու գալիս, խոր մտածմունքների մեջ ընկղմված, ձեռքերը ետին կապած, բացարձակորեն հանգիստ, երբեք ուշադրություն չդարձնելով շրջապատի բղավոցներին, միայն երբեմն կանգ էր առնում, մի կնոջ նայում, շատ թեթև և հեգնական ժպտում և ապա նորից խորասուզվում մտքերի մեջ՝ շարունակելով երթևեկը գերագույն անդորրությամբ: Այս խենթը բնիկ չէր, ոչ ոք չէր իմ անում, թե որտեղի՛ց էր եկել, կարճահասակ էր, գիրուկ, հաստ, կլոր, կարմիր թշերով և շեկ մազերով:

Եթե նրան հաց տվող լիներ, հանգիստ կերպով ընդունում էր և կանչում էր շներին՝ փրթում էր նրանց ամբողջ հացը: Սպասում էր, որ ուտեն, պրծնեն, ապա հոնքերը կիտում էր, խորասուզվում և սկսում քայլեր:

Շատ և բազմատեսակ էին խենթերը ու գնալով բազմանում էին: Ոչ ոք չէր նախաձեռնում, որ հավաքեն, խնամեն: Չէին տեսել, չէին էլ զգում:

Լավ հիշում եմ, երբ Ամերիկայից մեկը եկավ և հայտնեց, որ այնտեղ հավաքում են խենթերին ու պալատների նման տներում խնամում, բոլորը զարմացան և ասացին. — Թռաֆ[19] երկիր է եղեր Ամերիկան, հա՜...

Մի օր հայրս ինչ-որ բանից ջղայնացած՝ հայտարարեց.— «Հիմա կխենթանամ», ես սարսափեցի, անմիջապես պատկերացրի, որ հայրս էլ կարող էր ընկնել փողոց...

Խենթերը... ինչքա՜ն շատ էին:

Մեկը կար, որ երևութապես խելոք էր, բայց ի՜նչ խենթ — յոթ տարի նա ձեռները գրպանից դուրս չէր հանել, բռունցքի նման ծալած՝ կոխել էր գրպանները: Մի անգամ մի քանի ուժեղ տղամարդիկ հավաքվեցին և բռնի կերպով դուրս բերին ձեռքերը. ամբողջովին բորբոսնած էին, ամբողջովին բամբակ կապած՝ հողի տակ մնացած դիակի նման: Նրան կերցնում էին իր երկու աղջիկները և միակ դժբախտ որդին:

Մի ուրիշ խենթ յուրաքանչյուր օր բարձրանում էր մի բարձր կտուր, նստում էր քիվի վրա, ոտները կախելով ներքև և սպառնում էր ընկնել: Ոչ ոք չէր կարող մոտենալ — միգուցե իսկապես իրեն գցեր ներքև: Վերջ ի վերջո մի օր, կորցնելով հավասարակշռությունը, ընկավ երեք հարկանի կտուրից և տեղնուտեղը տափակացավ: Ես տեսա, որ նրա ուղեղն ամբողջ դուրս թափվել:

Պատահում էր, որ մի որևէ գժված մարդ ընտանիք և ազգականներ ունենար: Նրանք չէին թողնում, որ խենթը դառնար փողոցի սեփականություն, պահում էին տանը և «խնամում»: Ի՞նչ էին անում: Կապկպում էին նրան, մի ուժեղ և անգութ մարդ վարձում, որ ձգեր դժբախտին տան ներքնահարկը — փայտանոցը կամ ածխանոցը — և սկսեր փայտով անվերջ ծեծել:

— Բաշխա բիչիմ[20] խելքը գլուխը չի գար— ասում էին «խելոքները»:

---

[19] տարօրինակ

[20] ուրիշ տեսակ, տարօրինակ

Եվ արաղով և ուտելիքով հյուրասիրում էին այդ վարձկանին, որպեսզի ավելի սիրտ առնի ու եռանդով ծեծի:

— Դուք ընծի ցած աչքով մի հայեք, կխելոքցընեմ, — հայտարարում էր վարձկանը և իջնում ներքնահարկը նոր եռանդով: Ներքնահարկն իջնելուց հետո՝ սկսում էր անասնական բառաչը, որովհետև փայտ էր, որ կոտրտվում էր դժբախտ մարդու ոսկորների վրա:

Միակ բժշկական մեթոդը, որ գոյություն ուներ այդ հի՜ն, հի՜ն երկրում:

ԺԳ

Մի ամառ, հանկարծ, մեր քաղաքում հայտնվեց մի մարդ մերկ սրունքներով, բոբիկ, գլխաբաց, աղվեսի մի մորթի հագին, որ մինչև ծնկները չէր հասնում, ձեռքին երկար, իր հասակից բարձր մի գավազան, երկաթե բարակ շղթայով թևից կախ արած մի քաշքուր, մորթը թուխ, ինչպես արաբ կամ հնդիկ, ցանցառ, բայց սիրուն, սրածայր միրուքով, ճակատին խալ, կարմիր և կրքոտ շրթունքներով: Այս մարդը չէր խոսում, միայն ման էր գալիս և թող հավաքում իր քաշքուրով: Շուտով լուր տարածվեց, որ աստծու հրամանով յոթ տարուց հետո այս մարդու լեզուն պիտի բացվի, և աստվածը վերջին պատգամը պիտի տա մարդկության՝ նրա բերանով:

Եթե չէր կարող խոսել, ո՞վ, որտեղի՞ց, ինչպե՞ս իմացվեց այս մարդու համրության միստերիան՝ ոչ ոք չհարցուփորձեց:

Եվ այս մարդը, որ կարծվում էր, թե եկած կլիներ հարավի երկրներից, դարձավ ընդհանուրի հարգանքի առարկա: Նրա հարգանքն ավելի և ավելի մեծացավ, երբ տեսան, որ շահամոլ չէ, ինչ որ չէր տեղավորվում իր փոքրիկ քաշքուրի մեջ, չէր վերցնում, թեկուզ դա լիներ շատ թանկագին իր: Այսպես, մարդիկ ստիպված էին միայն փող տալ՝ մինչև անգամ ոսկի փող:

Գիշերն երբ նա քնում էր թրքական գերեզմանոցում, մի փոքրիկ վրանի տակ, աղոտ մի լույս պլպլացնելով: Ասում էին, որ գիշերներն աղոթում է և երբեք չի քնում: Ցերեկը ման էր գալիս, գիշերը չէր քնում, իսկ ո՞վ էր հարց տալիս իրեն, թե ապա ինչպե՞ս է ապրում:

Յոթ տարի չպիտի խոսեր, յոթ տարի չպիտի քներ, յոթ տարի պիտի աղոթեր միայն — յոթ տարուց հետո մարդկությունը պիտի լսեր աստծո նոր խոսքը։

Ամեն օր նա բարձրանում էր քաղաքի մարմարյա մզկիթի մինարեն, ամբողջ մի ժամ աչքերը հառում էր երկնքին, ձեռքերը կրծքի վրա ծալած և գավազանը գրկած։ Ներքևում մեծ բազմություն էր հավաքվում և դիտում։ Ծայր էր առնում առասպելների մի շարան՝ աստծո հետ է խոսում, հենց աստված կողքին կանգնած է, բայց մեղավոր մարդկությունը չի կարող տեսնել։

Շատերը մինչև անգամ ասում էին, որ այն. ինչ երևում է, դա նրա լոկ պատկերն է, ինքը թողել է աստծու մոտ և շուտով կվերադառնա։

Բայց քաղաքում գտնվող մի քանի ժուլիկներ չթողին, որ յոթ տարուց հետո մարդկությունն արժանանա աստծո նոր պատգամին, և մի գիշեր, գուշակելով, որ այս մարդու աղվեսի մորթու տակին բավականին խոշոր գումար հավաքված կլինի, հարձակվեցին վրան ու կողոպտեցին։

Գողերը չբռնվեցին, բայց նրանց պատմությունը տարածվեց քաղաքում։

Եվ այդ պատմությունից պարզվեց մի բան, ամենաէականը, պարզվեց, որ աստծո հրամանով համրացած մարդը սարսափելի կերպով հայհոյելիս է եղել իր վրա հարձակվող գողերին և ոգի ի բռին աշխատելիս է եղել — աստծո նվիրված այս մարդը — չհանձնել փողը։ Այն բազմաթիվ մանր փողերը, որ նա հավաքելիս է եղել, վերածել է ոսկու։ Գողերը ոչ մի մանր փող նրա մոտ չէին գտել։

Կողոպտվելու հաջորդ օրն իսկ այդ մարդը չերևաց մեր քաղաքում։ Այն գնալն էր։ Ո՞ւր գնաց, ի՞նչ եղավ՝ ոչ ոք չիմացավ։

***

Սրա կապակցությամբ ես կպատմեմ մի այլ դեպք մի այլ դեմքի մասին։

Ամերիկայից մեր քաղաքն ընկավ մի բնիկ ամերիկացի՝ մր. Ջեյկըբ անունով:

Այս մր. Ջեյկըբը մի բողոքական միսիոնար էր, որ սուրբ հոգի էր բաժանում:

Ոչ ավել, ոչ պակաս՝ սուրբ հոգի էր բաժանում:

Ինչպե՞ս էր անում:

Հավաքում էր բողոքական հասարակությունը ժողովարանում, անգլերենով քարոզ էր կարդում (մեկը թարգմանում էր), քարոզից հետո, աչքերը փակ, աղոթում էր, ձեռքերը տարածած օդում, աղոթքից հետո՝ մի քանի րոպե խստագույն լռություն էր ազդարարում և ի վերջո հայտարարում.

— Ով որ սուրբ հոգին ստացավ՝ թող ոտի կանգնի:

Սկզբները քիչ թվով, բայց հետագայում բազմություններ էին ոտի կանգնում:

Ո՛չ ոք չէր կարող բացատրել, թե ինչ էին զգում, երբ «սուրբ հոգի» էին ստանում, բայց կանգնում էին, կանգնում էին մասսայաբար:

Սուրբ հոգի առնողներն ինչ որ փող ունեին գրպանները դատարկում էին մր. Ջեյկըբի գանձարանը: Այդ գանձարանն ստեղծված էր, որպեսզի հնարավորություն տրվեր մր. Ջեյկըբին սուրբ հոգին տարտղնելու ամեն տեղ:

Գտնվեցին մի քանի բողոքականներ, որոնք աշխատեցին դադարեցնել այդ խաղը, բայց աջակցություն չգտան և վերջ ի վերջո իրենք էլ գնացին ու ստացան սուրբ հոգին:

Ամբողջ մի ամիս ողջ քաղաքը միայն սուրբ հոգու մասին էր խոսում: Կային բողոքական կլասիկ կեղծավորներ, որոնք դադարեցին սուրբ հոգի չառնողների հետ հարաբերություն անելուց: Սուրբ հոգի չառնողներին չէին բարևում:

Ծայր առան ամուսնալուծումներ, ընտանեկան ամեն կարգի

անհամություններ, բաժանումներ, (ծնողները սուրբ հոգին առնում էին, հանկարծ որդիներն ու աղջիկները դիմադրում էին առնել, որդիներն ու աղջիկները առնում էին, ծնողները չէին առնում, եղբայրներն առնում էին, քույրերը չէին առնում, ամուսինն առնում էր, կինը չէր առնում, կամ ընդհակառակը):

— Վաղը կերթաս ու կառնես, հընկմընկ չընես,— պատվիրում էր սուրբ հոգի առած ամուսինը:

Սկսվում էր վեճը, և սուրբ հոգի առնող ամուսինը կամ եղբայրը, հանուն սուրբ հոգու, քաշում էր փայտը կամ ոտնամանի մեկը և սկսում էր ծեծել սուրբ հոգուն դիմադրող կնոջը կամ քրոջը:

Նրանք, որոնք սկզբներում սուրբ հոգի առնողների վրա էին ծիծաղում, իրենք էլ ստացան և սկսեցին չառնողների վրա ծիծաղել: Սուրբ հոգի առնողներն այլևս խանութ չէին բաց անում՝ առևտուրով զբաղվելու համար, մինչև անգամ պարզ, անմեղ արհեստով զբաղվելը մեղք էին համարում: Այսպիսով, բավական խանութներ փակ էին:

Հանկարծ մի առավոտ մի խանութ (որ մինչև այդ բաց էր) չէր բացվում: Այլևս պարզ էր՝ խանութի տերը առել էր սուրբ հոգին:

Կողքի խանութպանները, տեսնելով, որ խանութը չբացվեց, ասում էին իրար.

— Իշու ձագը սուրբ հոգին առավ...

— Առա՜վ ու առա՜վ...

Սուրբ հոգու կոմեդիան այնքան ընդհանրացավ, որ մի բողոքական ուրիշ բողոքականի դռնից անցնելիս՝ թխկացնում էր լուսամուտը և հարցնում.

— Մուրադ աղա, առա՞ր:

— Նոր տի՞ առնեմ, ծո, է՜շ, մեղա՜, մեղա՜, ութն օր է առեր իմ, — պատասխանում էր Մուրադ աղան:

— Ես դահա չառա:

— Վաղը գնա՛ ռ, ամոթ է, ծո, սարսա՛խ:

Փոքր հորաքույրս, որ բողոքական մարդու էր գնացել, մր․ Ջեյկըրի ժամանումից երեք օր հետո սուրբ հոգին առավ․ այսպես ասած՝ առաջին առնողներից մեկն էր: Լուր բերին հորս թե՝ «Եղսա քորոն սուրբ հոգի է առեր»:

— Կանչեցե՛ք՝ գա, — պատվիրեց հայրս:

Գնացին, կանչեցին: Չեկավ․ փեսային կանչեցին: Նա եկավ և հայտնեց.

— Հաջի էֆենդի, կվախնա, որ գա:

Հայրս նրան պատասխանեց.

— Էդ ի՞նչ ջիվերիս սուրբ հոգին է առեր, որ կվախնա, — և մուգ գույնի մի հայհոյանք շպրտեց մր․ Ջեյկըբի հասցեին:

Վերջապես, հազիվ մատների վրա հաշված մի քանի հոգի մնացին, որոնք համառորեն չառան սուրբ հոգին: Այս համառողների — ըստ մյուսների՝ անհույս՝ մեղավորների համար— մր․ Ջեյկըբը վերջին մի աղոթք արավ և փողերը հավաքած՝ հեռացավ, վերջ տալով կոմեդիայի առաջին գործողության: Նրա գնալուց հետո սկսվեց կոմեդիայի երկրորդ գործողությունը:

Սուրբ հոգի առնողները հետզհետե սկսեցին դուրս գալ տներից և խանութները բաց անել, թողնելով սուրբ գիրք կարդալը (առնելուց հետո միայն սուրբ գիրք էին կարդում), որովհետև տան եկամուտը պակասեց:

Խանութները բաց անելու հետ միասին սկսվեցին փողոցային սկանդալները: Ով որ սուրբ հոգի էր առել և ահա դուրս էր գալիս՝ գնալու և առևտուրը շարունակելու, փողոցում ենթարկվում էր ծաղրածունակի: Ծաղրածունակը սկսվեց ինքնաբերաբար, բայց լուսավորչական քահանաները վարագույրի ետևից հրահրում էին: Նրանք այն աստիճան արծարծեցին ծաղրուծանակի խարույկը, որ հասցրին կատարյալ ողբերգության:

— Հը՞, սուրբ հոգին ինտո՞ր էր, կոտոշ ունե՞ր...

— Հը՛, սուրբ հոգին բանիս նմա՞ն էր...

— Ծ՛ո, երևի սուրբ հոգին ջիվերուս[21] պես էր...

Այսպես աղաղակում էին ու ծափ տալիս:

Բայց սուրբ հոգի առնողներից ոմանք, այս ծաղրը նմանեցնելով «տիրոջ չարչարանքներուն», մի տեսակ հպարտությամբ տարան:

Օրինակի համար՝ ես հիշում եմ, նրանցից մեկն աղաղակում էր ծաղրի ժամանակ՝ աչքերը երկինք հառած և բազկատարած.

— Տե՛ր Հիսուս Քրիստոս, քո ճամփայեն կերթամ կո՛ր...

Քրիստոսի ճանապարհին այն էր, որ նրա նման իրենք էլ ծաղրվում էին սուրբ հոգու համար:

Շատերը բավական սպասեցին խանութը բաց անելու, մինչև որ բազմությունը հոգներ և մոռանար, բայց բազմությունը ո՛չ հոգնեց և ո՛չ էլ մոռացավ: Բոլորն էլ գիտեին, թե ով դուրս չի եկել և երբ է մտադիր դուրս գալու:

Եվ ամենավերջինն էլ չազատվեց ծաղրից:

Մի ամիս հետո լուր ստացվեց, որ մր. Ջեյկըբը Տիգրանակերտից դեպի Մուսուլ գնալիս՝ սպանվել է անհայտ չարագործների ձեռքով:

Երբ այս լուրը հորս հայտնեցին, ասաց.

— Չարյաց մեծագույնն ի չիք եղավ:

***

Բողոքականնե՛ր... Ինչպե՞ս էր ստեղծվել բողոքականների համայնքը:

---

[21] ոտներ

Ով եկեղեցու մի պաշտոնյայից սրտներ, վարդապետից կամ քահանայից, տիրացուից կամ ժամկոչից, գնում էր ժողովարան, աղոթք էր անում և «դարձի» գալիս: Մի հյուսն կար, որ գժտվել էր լուսավորչական եկեղեցու ժամկոչի և նրա կնոջ հետ (նրանք հարևաններ էին) և գնացել, բողոքական դարձել: Անունը Մամբրե էր: Սովորություն էր, որ երբ մեկը բողոքական դառնար, նրան պարոն էին կանչում: Մեկ օրից մյուսը Մամբրե ախպարը դարձավ պարոն Մամբրե: Պարոն Մամբրեն ժողովարանում այսպես էր աղոթում. «Տե՛ր, — ասում էր սուտ լացով, — քո սուրբ հոգիդ գազյաղիով[22] մեր սրտերը վառե»:

Գերմանացի մր. Էյմանը, որ կոլեջ էր բաց արել մեր քաղաքում և եռանդուն պրոպագանդ էր մղում քրիստոնյաներին քրիստոնյա դարձնելու համար, շատ էր հավանել պարոն Մամբրեին և, կանչելով իր մոտ, նրան աշխատանք էր տվել բարձր ռոճիկով, նվիրելով նրան նաև իր հնացած շորերը: Հանկարծ մի օր Մամբրեն երևաց մեր փողոցներում եվրոպական շորերով, օսլայած օձիքով և փողկապով: Եթե հռովմեական տոգա հագներ մեկը, այնքան տարօրինակ չպիտի թվար: Շորերը պարտադրեցին նրան, որ մեծ բեղերը փոքրացնի: Փոքրացրեց:

Պարոն Մամբրեն, ցանկանալով ավելի առաջ գնալ, մտածել էր շատ տարօրինակ մի բան: Մտածելուց հետո էլ (ամենատարօրինակը) ցանկացել էր գործադրել:

Մի կիրակի, ժողովարանից հետո, պարոն Մամբրեն ապուշացած կերպարանքով (այդպիսի ապուշ կերպարանք ստանում էին ժողովարանից դուրս եկող բողոքականները, իբր թե մաքրվում էին մեղքերից) մտնում է մր. Էյմանի առանձնասենյակը և թախծոտ շեշտով սկսում.

— Մր. Էյման, շա՛տ կը ցա՛վիմ, ո՛ր հա՛յ ծնված եմ:

Մր. Էյմանը, առանց մեկ երկու ասելու, տեղնուտեղը թքում է պարոն Մամբրեի երեսին և դուրս վռնդում, իսկ առավոտյան նրա առաջին գործն է լինում հեռացնել Մամբրեին աշխատանքից:

---

[22] նավթ

Պարոն Մամբրեն բոլորովին այլ բան էր ակնկալում, նա համոզված էր, որ մր. Էյմանը պիտի շոյի նրա «ցավը» և ավելի առաջ քաշի: Հյուսնը մի քանի շաբաթ էլ եռանդուն աղոթեց ժողովարանում, բայց մր. Էյմանը նրան ետ չվերցրեց: Տեսնելով, որ բողոքականներից այլևս հույս չկա, պարոն Մամբրեն, հին արհեստավորի շորերը հագած, վերադարձավ լուսավորչական եկեղեցի: Նրա առաջին անգամ եկեղեցում երևալը տեսարան էր. ամբողջ պատ արագի տևողության՝ բարձրր և անճոռնի հեկեկում էր, աղոթում, կռանում, գետնի կարպետը համբուրում, բարձրաձայն աղաղակելով. «Տե՛ր, մեղա՛, մեղա՛, իշություն ըրի, ներե՛»:

Պատարագից հետո, հանդիսավոր կերպով, Մամբրեն հաշտվեց ժամկոչի և նրա կնոջ հետ՝ ներողություն խնդրելով: Մր. Էյմանից ստացած շորերը նվեր տվեց մի գյուղական վարժապետի, բաց արավ իր նախկին կրպակը, բեղերն ստացան առաջվա պատկառելի ձևը, և երախտագիտությամբ ընդունեց իր նախկին հաճախորդներին:

Երբեմն, երբ չար կատակի համար նրան պարոն Մամբրե էին ասում, Մամբրեն խնդրում էր. «Մըսեք, մարմինս փուշփուշ կըլլի»:

***

Մենք մի ազգական ունեինք, շատ հեռավոր մի ազգական, որին Մանուկ փեսա էինք անվանում: Եվ ո՛չ միայն մենք, այլև ողջ քաղաքը նրան Մանուկ փեսա էր կանչում:

Մանուկ փեսան չափազանց նիհար, ոսկրուտ, բարձրահասակ, շատ փոքրիկ, կապույտ և խորն ընկած աչքերով մի մարդ էր: Նրա աչքերն այնքան էին փոքր, որ հորաքույրս ասում էր՝ «մախաթով են ծակեր»:

Ամեն անգամ, երբ Մանուկ փեսան հայտնվում էր մեր տանը (պետք է ասել, որ շատ քիչ էր գալիս), տան հասակավորները խեթ աչքերով էին նայում և նրանից բացարձակապես ֆիզիկական սարսափ էին զգում:

Հորաքույրս միշտ ասում էր.

— Գյուղեռզոռը եկավ․․․

Մանուկ փեսան կարևորություն չէր տալիս այդ խոսքերին և նայվածքներին, ընդհակառակն, քթի տակ մանրիկ ժպտում էր և՝

— Հը, ինտո՞ր եք, աղե՞կ եք, — հարցնում էր։

Ոչ ոք չէր պատասխանում։

Երկար լռությունից հետո հորաքույրս թե՝

— Մանուկ փեսա՛․․․

Մանուկ փեսան անմիջապես ընդհատում էր, որովհետև հորաքրոջս սկսած տոնից նա գիտեր, թե ինչ պետք է ասի․

— Խոսքդ շեքերով կոտրիմ․ մի՛ խոսա․․․

Եվ հորաքույրս լռում էր, չէր էլ կարող չլռել, որովհետև Մանուկ փեսան կարող էր շատ «վրան բաց» սրախոսություն անել։ Հորաքրոջս լռելուց հետո՝ Մանուկ փեսան սկսում էր զբաղվել մեզմով՝ մանուկներով։

Մենք Մանուկ փեսային շատ էինք սիրում, որովհետև նա անվախ մարդու համբավ ուներ և մեզ պատմում էր հերոսական պատմություններ։

— Թիփի՛, բռ՛ւքքորան, լերան ծերն ենք, գելերը մեզ շրջապատեցին․․․

Եվ այսպես անվերջ պատմություններ, որոնք մեզ հափշտակում էին։ Երբ ընդհատում էր, բոլորս միասին․

— Ամա՛ն, Մանուկ փեսա, ոտքդ պագնինք․․․

Եվ նա շարունակում էր եռանդով ու ոգևորությամբ։

Պատմած ժամանակ աչքերը մի քիչ մեծանում էին, այնքան մեծանում, որ կապույտը պարզ երևում էր։

Կամացկամաց մեզ համար էլ պարզվեց Մանուկ փեսայի «գյոռպեգյոռ» լինելու միստերիան։

Մանուկ փեսան ո՛չ խանութ ուներ և ո՛չ էլ արհեստով էր զբաղվում, բայց ապրում էր բավականին բարեկեցիկ։ Երբ ասում եմ արհեստ չուներ՝ ուզում եմ ասել սովորական արհեստ չուներ։ Նրա արհեստը թուրք մեռելներին քաշելդուրս բերելն էր գերեզմանից։ Ինչպե՞ս էր անում այդ։ Թուրք մեռելները փաթաթված էին լինում պատանքի (քեֆին) մեջ և այդ քեֆինը առհասարակ լինում էր թանկագին մետաքսից կամ որևէ թանկագին կերպասից։ Նա զբաղվում էր քեֆին ծախելով։

Երևակայեցեք մի մարդ, որ գիշերը մենմենակ մտնում է թրքական գերեզմանոցը, մոտենում է նոր թաղված գերեզմանին, բաց է անում, կռանում ներքև, զրկում մեռելին, քաշում, վեր բարձրացնում, ձգում գետնին, քեֆինը քանդում, մեջքին փաթաթում, մեռելը դնում տեղը, վրան ծածկում, այնպես, որ առավոտյան նշմարելի չլինի, ապա մոտենում է պարսպին, բարձրանում և ցատկում փողոց, քայլում տուն և հանգիստ քնում։

Այս գաղտնիքն իմանալուց հետո՝ մեր աչքին Մանուկ փեսան ավելի հերոսական դարձավ, թեև մենք էլ սկսեցինք ֆիզիկական սարսափ զգալ նրանից։

Երբ նրան խրատում էին, որ ձեռք քաշի այդ արհեստից, գեթ հասակն առնելուց հետո, նա պատասխանում էր.

— Շատ ռահաթ գործ ունիմ...

Մանուկ փեսան մի ուրիշ հատկություն էլ ուներ, նա կարող էր ամենաքնական կերպով հաչել։ Եվ այդ հատկությունը նրան շատ անգամ էր փրկել բռնվելուց։ Երբ ոտի ձայն էր առնում գերեզմանը քանդած ժամանակ, սկսում էր հաչել, և բոլորը փախչում էին սարսափած։ Մինչև անգամ գերեզմանոցի դիմացի տներում ապրող հայերը, երբ կեսգիշերին հաչոց էին լսում, բոլորը սփրթնում էին, խաչակնքում և փափսում.

— Մանուկ փեսան գյոռ կքանա կոր, վո՜ւյ, մայրիկ աստվածածին...[23]

Ցերեկը, երբ փողոցից անցնում էր հուղարկավոր թափորը, Մանուկ փեսան դիտում էր լուսամուտից, մանրիկ ժպտում և ցինիկորեն ասում.

— Վա՜յ, հաջի Մուստաֆաս մեռեր է, աստծու քով կերթա կոր, թող երթա, բարի ճանապարհ, ես մեյ մը չըլբըխցնեմ դե, թող անանկ երթա:

Եվ պառկում էր, քնում, որպեսզի գիշերն աշխույժ զգա իրեն:

***

Մանուկ փեսան մի էշ ուներ: Այդ էշը երկար տարիներ ծառայել էր նրան, այլևս անպետք էր և ուզում էր ծախել: Շատերն ասում էին, որ «ազատ ըրե», բայց Մանուկ փեսան ցանկանում էր ծախել: Ազատ անելն էլ այն էր, որ անասունին թողնում էին բաց դաշտը, իր համար արածում էր, պառկում, վեր կենում և մի օր էլ սատկում:

Մանուկ փեսան էշը ծախեց: Բոլորն էլ զարմացան:

Հայրս ասաց.

— Էդ էշն առնողն ինքն է էշը:

Վաճառքից ութ օր հետո էշը գնողը դիմեց դատարան՝ վաճառքը չեղյալ համարելու համար: Գնողը դատարանում պատճառաբանեց, որ էշը գարին չի կարող աղալ, ինչպես ուտում է, այնպես էլ դուրս է գալիս, և ուրեմն շուտով պետք է սատկի:

---

23 Ըստ մահմեդական սովորության՝ մեռելներին գերեզմանափոսում նստեցնում են, առանց հողով ծածկելու, միայն վրան են ծածկում հողով և փայտով: Շները հեշտությամբ կարող էին մտնել և դիակն ուտել, բայց ոչ ոք չէր մոտենում, որովհետև շները հարձակվում էին:

— Փողոցի հավերուն կե՞ր տի տամ, — ասում էր գնողը:

Դատը լսողները բոլորն էլ կարծեցին, որ Մանուկ փեսան խրվեց, ի՞նչ կարող էր պատասխանել, բայց Մանուկ փեսան պատասխանեց.

— Իմ ծախածը ջաղաց չէ, էշ է:

Դատարանը գտավ, որ գնողի պատճառաբանությունն անհիմն է, և որոշեց իրավունք չտալ վաճառքը չեղյալ համարելու:

ԺԵ

Հին հռովմեական այդ ճանապարհի վրա այլազան և տարօրինակ էր կյանքը, և ամենատարօրինակը Ամերիկայից վերադարձած մարդիկ էին՝ ամերիկահայեր, որոնք իրենց հետ բերել էին միայն արտաքին տարազ, մի քանի անգլերեն բառեր և ծամածռված բերաններ: Ոչ միայն անգլերեն խոսելիս, այլ մինչև անգամ հայերեն խոսելիս նրանք ծամածռում էին իրենց բերանները:

Օրինակ՝ մեզ շատ ծանոթ էշ Օվաննեսը, որ Ամերիկայից վերադարձին, չգիտեմ ինչու, դառել էր պարոն Հովհաննես, հայերեն խոսելիս, կարծես մայրենի լեզուն ծաղր էր զգում — ինչոր կարծես բերանում մի տաք բան էր լղճորում:

— Էնքան ինկլիզճե գիտե, որ փեզևենկի տղան հայերեն անգամ ինկլիզճեի պես կխոսա... — ասում էին միամիտ տեղացիները:

Եվ անգլերեն լեզվի մասին գաղափար կազմելով միայն տգետ ամերիկացի միսիոնարներից և ամերիկահայերից՝ ես ատում էի այդ լեզուն: Հետագայում, երբ ինձ վիճակվեց տիրապետելու անգլերենին և ամերիկյան կրթություն ստանալու, համոզվեցի, որ Շեքսպիրի, Դիկկենսի և Բայրընի լեզուն խոսելու համար ծամածռություններ հարկավոր չեն:

Բայց ամերիկահայերի ծամածռությունները տևում էին միայն մի քանի տարի. հենց որ Ամերիկայից բերած հագուստները մաշվում էին և տեղականով փոխարինվում, լեզուն էլ մաշվում էր և փոխարինվում էր մայրենի լեզվով: «Չեմ կրնաարրր» միմոսական ձևը դառնում էր պարզ և մարդավարի «չեմ կրնար»:

Ամերիկայից վերադարձողները հատկանշական էին և մի ուրիշ բանով՝ ունեին ոսկե ատամներ: Չկար ոչ մի ամերիկահայ, որ ոսկե ատամ չունենար — բացարձակապես:

Եվ այդ ոսկե ատամը մեզանում բոնտոն էր համարվում: Եվ որովհետև նրանք ոսկե ատամ ունեին, կարողացան ձեռք ձգել սիրուն աղջիկներ կնության համար: Նրանց 99 տոկոսը դարձավ արժանավոր միայն ոսկե ատամների համար: Իմ մեծ քույրս զոհ գնաց մի ոսկե ատամնավորի... Բայց ես չէի ուզենա պատմել այս պատմությունը, դա ինձ մորմոքում է, այդ հիշողությունն այրում է իմ սիրտը:

Էշ Օվաննեսը (պարոն Հովհաննեսը) երկու ոսկի ատամ ուներ վերին ծնոտի առաջամասում: Այդ բոլոր եկողների մեջ պարոն Հովհաննեսը չկարողացավ աղջիկ գտնել, որովհետև նախ՝ չափազանց գերագնահատեց իր ոսկե ատամները և սկսեց շատ բարձրերը քիթը խոթել և ապա՝ պարզապես էշ էր:

Էշ Օվաննեսի վերադառնալուց մի քանի տարի հետո՝ նրա դեմքի վրա նոր ծալքեր ավելացան, որովհետև միշտ ծիծաղում էր՝ իր ատամները ցույց տալու համար: Երբ ծիծաղում էր, ոսկե ատամները շատ լավ երևում էին, դրա համար որդեգրեց միշտ ծիծաղելու մի անճոռնի սովորություն: Միշտ ծիծաղելուց՝ դեմքի վրա առաջացան արհեստական ծալքեր:

— Պարոն Հովհաննես, հա՞ց ես առեր, — հարցնում է մեկը:

— Հա՜, հաց առեր եմ, հի՜, հի՜, հի՜, հի՜, — ծիծաղում էր անշնորհք կերպով:

— Ինչպե՞ս ես, պարոն Հովհաննես:

— Աղեկ եմ, հի՜, հի՜, հի՜...

Մի շատ պարզ բան: Օրինակ՝ մեկն ասում էր, որ անձրև է գալիս.

— Հա, արգև կուգա, հի՜, հի՜, հի՜...

Եվ այսպես վերջ չուներ այդ անճոռնիությունը:

էշ Օվաննեսը մեռավ: Ամբողջ երկու ժամ, ինչոր փորացավից, բղավեց, բղավեց և մեռավ:

— Էշը չի կերած խոտն է կերեր, չի մարսեր, — ասում էին:

Մեռնելուց հետո շրթունքները փակվել էին, և, բնականաբար, ոսկե ատամները չէին երևում: Նրա ազգականները որոշեցին, որ թաղմանը ոսկե ատամներն անպայման երևան: Ինչքան շրթունքները բաց էին անում, նորից փակվում էին: Ազգականներն ընկան լուրջ մտահոգության մեջ:

Ինչպե՞ս անեին, որ ոսկե ատամները երևային:

— Հըպը ոսկի ատամներն ըլ չերվա՞ն, — հարց էր տալիս մորաքույրը:

Շատերին հարցրին, ոչ ոք չկարողացավ մի միջոց ցույց տալ: Վերջապես, հանգուցյալի ազգականներից մեկը գտավ ճարը՝ երկու լուցկով հեռացրեց շրթունքներն իրարից և լուցկիները ծածկեց բեղերի ծայրերով:

Թաղմանը նրա պառավ մորաքույրը լաց էր լինում և աղաղակում.

— Վա՜յ, ես քու ոսկի ակռաներուդ ղուրբան ըլլի՜մ...

Եվ էշ Օվաննեսը, շրթունքները բաց, կարծես ծիծաղում էր երկնքի ջինջ կապույտի դեմ:

***

Ամերիկահայերը վերադառնում էին՝ երբեմն «կուլտուրական» հիվանդություններում (սիֆիլիս և այլն) և նրանցից ոմանք էլ չէին մոռանում իրենց նախկին ֆեոդալական սովորությունները:

Մեզ հարևան էր մի ընտանիք՝ մայր, որդի և աղջիկ:

Ասում էին, որ այդ ընտանիքն ունեցել է հայր, որ վաղուց գաղթել էր Ամերիկա: Նրա գնալուց երկու ամիս հետո էր ծնվել նրա որդին՝

Հովսեփը: Հովսեփի հայրը Ամերիկա գնալուց հետո գրել էր մի թե երկու նամակ և ապա լռել: Մայրը լվացք անելով, ուրիշների դռներն աշխատանք կատարելով՝ մեծացրել էր աղջկան և որդուն՝ մինչև վերջինները դպրոցն ավարտելով՝ ուսուցիչներ էին դառել և ազատել իրենց մորը ֆիզիկական տառապանքից:

Նրանք ապրում էին չափազանց համեստ, բայց երջանկությամբ արևված մի կյանք:

Մի օր այս ընտանիքում հայտնվեց մի մարդ՝ կռացած մեջքով, սպիտակած մազերով, նիհար, ոսկրացած, անվերջ հազով:

Աղջիկը և որդին չէին ճանաչել այդ մարդուն, բայց մայրն ասել էր նրանց, որ այդ մարդը ձեր հայրն է:

Քույրը և եղբայրը ընդունեցին նրան սառնասրտությամբ, բայց պատշաճ հարգանքով, թեև ամբողջ 18 տարի նա տեր չէր եղել իր զավակներին և կնոջը, մատնելով նրանց թշվառության:

Չանցավ մի քանի օր, մի առավոտ մեր թաղում տարածվեց մի ահավոր լուր՝ «Հովսեփը սպանել է հորը»: Իսկապես, մի քանի րոպեում ստուգվեց լուրը: Հովսեփը սպանել էր հորը եղերական մահով՝ խողխողել էր նրան, գլուխը պատին տալով և ջարդելով:

Որքան որ լուրը ստուգվեց, բայց անհավատալի էր թվում Հովսեփին ճանաչողների համար, որովհետև Հովսեփը վերին աստիճանի բարի, խելոք և հանգիստ բնավորությամբ մի երիտասարդ էր: Նա ոչ թե հորը, այլև մի աքլորի անգամ չէր կարող սպանել:

Հովսեփին տարան բանտ, և մի ամիս հետո տեղի ունեցավ դատավարությունը:

Բայց մինչև դատավարությունը շատ բան պարզվեց, և գրեթե ամբողջ քաղաքը ոտի կանգնեց՝ Հովսեփին պաշտպանելու: Հավաքվեցին հանրագրություններ, և դատարանին մատուցվեցին բազմաթիվ խնդրագրեր, մի քանի փաստաբաններ ձրի տրամադրեցին իրենց ծառայությունը, բայց Հովսեփը մերժեց փաստաբաններին, ասելով, որ ինքը պետք է պաշտպանի իրեն:

Ոճիրը տեղի է ունեցել հետևյալ պայմաններում: Հովսեփի հայրը՝ պարոն Ջոնը, (Ամերիկայում Հովհաննեսը դառել էր Ջոն) վերադարձի առաջին իսկ օրը սկսում է կշտամբել կնոջը, որ իբր թե իր բացակայության ժամանակ (18 տարի) նա անբարոյական կյանք է վարել, եղել է ինչոր (բոլորովին անհայտ) մարդկանց հետ: Հովսեփը և քույրը միջամտել են, որ իրենց մայրը եղել է շատ պատվավոր մի կին, գտնվել է թշվառ և անօգնական մոր բարոյական բարձրության վրա, և մինչև անգամ եթե նա չի եղել այդպիսին, պարոն Ջոնն իրավունք չունի դատապարտելու կնոջը, քանի որ ինքը երկու զավակները թողել է նրա վզին և հեռացել է՝ առանց որևէ կապ պահպանելու, կապ չի պահպանել ոչ միայն դրամական օգնություն չուղարկելով, այլև զլացել է մի «չոր նամակ»:

Բայց պարոն Ջոնը համառել է, ինչոր տեղեկություններ է ունեցել և ուզում է պատժել կնոջը: Ամբողջ երկու-երեք օր աղջիկը և տղան ջանացել են համոզել համառ և անամոթ հորը, բայց համառ և անամոթ հայրը քաշել է երկաթե հարթուկը, նետել է կնոջը՝ գլուխը ջախջախելու համար, բայց բարեբախտաբար դպել է ոտի մատին:

Այս եղելությունից հետո էլ զավակները չեն կորցրել իրենց և շարունակել են հորդորել, բայց պարոն Ջոնը այնքան է առաջ գնացել, որ քաշել է Ամերիկայից հետը բերած ատրճանակը…

Հովսեփը կծկել է հորն իր ուժեղ թևերի մեջ, ձեռքից խլել է ատրճանակը և երկու ժամ ծեծելով, գլուխը խփելով պատին՝ սպանել է կյանքում առաջին անգամ հանդիպած համառ և անամոթ հորը:

Այս բոլորը պարզվելուց հետո՝ ողջ հասարակական կարծիքը զինվեց սպանվողի դեմ պաշտպանելու մի անմեղ կնոջ և մի անմեղ ոճրագործի:

Դատարանում Հովսեփը միայն պատմեց իր թշվառ մոր պատմությունը:

Այս պատմությունն այնքան սրտառուչ և ցնցող էր, որ արցունքներ կորզեց թե՛ դատավորներից և թե՛ հանդիսականներից, պատմեց, թե ինչպես մայրը գիշեր և ցերեկ լվացք է արել, այդ լվացքից մոր փափկացած մատներից արյուն է կաթկթել, պատմեց, թե քանիքանի հարուստ և երիտասարդ մարդիկ նրա ձեռքը խնդրել են և նա մերժել է, որպեսզի իր զավակները չճաշակեն խորթ հոր դաժանությունները, և ահա, այս բոլորից հետո՝ ինչոր մի անծանոթ մարդ, ինչոր մի պարոն Ջոն, եկել է իրենց տունը՝ երջանկության բաժակը լցնելու դառնությամբ:

Թրքական դատարանն ազատ արձակեց Հովսեփին:

Երբ Հովսեփը դատարանից տուն եկավ, մայրը գրկեց նրան, ողողեց արցունքներով և ասաց.

— Ի՞նչ կըլլեր, մարդավարի ապրեր մըզի հետ:

Հովսեփն այլևս չուզեց մնալ հին քաղաքում, վերցրեց մորն ու քրոջը և հեռացավ, գնաց ուրիշ քաղաք, ազատվելու համար այն շրջապատից, որ նրան միշտ հիշեցնում էր կատարված ահավոր տրագեդիան:

ԺԶ

Բաց արի «Արևելյան մամուլ» շաբաթաթերթը, որ հրատարակվում էր Զմյուռնիայում, բաց արի հենց փոստի պատուհանի առաջ, որտեղից մենք ստանում էինք մեր նամակներն ու թերթերը (նամակներր տուն բերելու սովորություն չկար) և կարդացի իմ անունը մի ոտանավորի տակ: Ինձ թվաց, մինչև հիմա էլ ինձ թվում է, որ իմ այդ ստորագրությունը տպված էր ոսկյա տառերով: Ինձ թվաց նաև, որ իմ ոտները կտրվեցին գետնից, մի սավառնում զգացի, ինչոր թռիչք:

Ես վաղուց էի հափշտակվել բանաստեղծությամբ, կարդում էի և գրում մեր դպրոցի ձեռագիր և խմորատիպ թերթերում, ինքս էլ խմբագրել էի մեկերկու ձեռագիր ամսաթերթ, բայց դեռ չէին տպագրվել: Մայրս, երբ տեսնում էր ինձ իմ փոքրիկ սենյակում գիշերները՝ կարդալիս և գրելիս, ասում էր. «Ելի՛ր պառկէ՛, յավրուս, մեր ճինսեն Պողոս+Պերոս չելլար»: ՊողոսՊեյրոս ասելով՝ գրող ուզում էր ասել: Այդ ոտանավորի տպագրվելուց հետո ես չհպարտացա, միայն մի քիչ և մի առժամանակ, չգիտեմ ինչու լրջացա, միայն մայրիկիս ասացի. «Տեսա՞ր, կըսեիր քի մեր ճինսեն ՊողոսՊեյրոս չելլար, ելավ»: Իհարկե, մայրս չէր կարող գնահատել իմ գրվածքները, բայց խորագույն հարգանք ունենալով դեպի տպագրված տառը՝ ժպտաց և համբուրեց ինձ:

Իմ փոքրիկ սենյակը... Այդ սենյակը գտնվում էր երկրորդ և երրորդ հարկի մեջտեղում, առանձին սանդուղով, փոքրիկ, շատ փոքրի՜կ սենյակ էր, լիքը գրքերով (բացառապես ոտանավոր) և պատկերներով: Երկու փոքրիկ լուսամուտն երբ նայում էին երկրորդ հարկի կտուրի վրա, ամբողջ հորիզոնն էր դիմացի հարևանի թթենու գագաթը և տերևների միջից երևացող կապույտը: Այդ փոքրիկ սենյակում ես գրել եմ իմ առաջին տպագրված ոտանավորը, այդ սենյակում կարդացել եմ Դուրյանը, և լաց եղել, հուսկ ապա կարդացել եմ Մեծարենցը:

Մեծարենցը գավառական պատանեկության պաշտամունքի առարկան էր: Մենք ատելությամբ հետևում էինք նրա դեմ սկսված պայքարը թեթևսոլիկ, անարժեք գրողների կողմից, նամակներ էինք գրում Միսաքին գոտեպնդելու համար: Ես ստացա «Նոր տաղեր»ը Միսաքից նվեր: Այդ նվերից հետո, ճիշտն ասած, հպարտ էի զգում ինձ: Ժամերով նայում էի Միսաքի լուսանկարին և հափշտակվում, ժամերով կրկնում «Ու կը փոթի ծովակն հոգվույս մեղմավար»: Շատ էի ուզում նրան նմանվել մորուք թողնելով, բայց ավա՜ղ, դեռևս աղվամազ անգամ չէի շոշափում երեսիս վրա: Ցանկացա, որ իմ առաջին գիրքս տպվի «Ծիածան»ի նման, միևնույն թղթով, ձևո՜վ, շապիկով, միևնույն տպարանից: Այդպես էլ եղավ: Բայց, էլի ավա՜ղ, ոչ մի տպավորություն չթողեց, այն ժամանակ միայն ես զգացի, որ գոյություն ունի ինչոր ներքին մի բան, որ արտացոլվում է տպագրության մեջ, գոյություն ունի ինչոր մի բան, որ Դուրյանն ուներ, Մեծարենցն ուներ, բայց ես չունեի: Բանաստեղծությունների իմ առաջին գրքույկը ինձ համար մի արժեք ունի՝ նվիրված է Միսաք Մեծարենցի գերեզմանին: Նվերն անարժեք էր. բայց այն ժամանակվա իմ ամբողջ սիրտն էր:

Տարիներ հետո, երբ Պոլսում ես կռացա Միսաքի ցուրտ շիրիմը համբուրելու, ինձ թվաց, որ Միսաքը խոսեց ինձ հետ, խոսեց արևի համար տածած բուռն կարոտով:

Գույների այս չնաշխարհիկ երգիչը քնում էր անգույն մի տարածության մեջ:

Միսա՛ք, արդյո՞ք ոչ մի կապույտի վրա չեն հառում քո աչքերը:

Այժմ ես մեծացել եմ, դարձել եմ չափահաս, դու մնացիր պատանի: Այժմ, իմ չափահասի ձեռքերով և չափահասի խորին գուրգուրանքով, շոյում եմ քո պատանի, չքնաղ գլուխը և արցունքներս վազում են քո երգերի վրա:

Երբ մրսում եմ այս աշխարհում, մեծ պատանի՛, գրկում եմ քո երգերը, և ահա արևը, քո երգած արևը, սուզվում է իմ ցուրտ հոգու մեջ կաթիլ առ կաթիլ:

ԺԼ

Մենք ունեինք և թուրք հարևաններ:

Շեմսին մեր թուրք հարևանի որդին էր, որի հետ մենք հասակակից էինք, գրեթե միասին էինք մեծացել: Մեծացել էինք երկու եղբոր պես. իրար վեգ էինք տվել, տնից վերցրած քաղցրավենիքներ էինք հյուրասիրել իրարու, միասին լողացել և միասին կմշտել նրա մեծ քրոջը՝ իրենից երկու տարով մեծ՝ լացացրել նրան միասին:

Սանիեն, նրա քույրը, կարծես եթերից էր շինված, այնքան թեթև, այնքան սպիտակ և ոսկեգույն էր, հակառակ իր եղբոր թուխ մորթին, սև մազերին, հոնքերին և մանավանդ սևասև աչքերին:

Նրանց պարտեզում կար մի մեծ ակացիայի ծառ: Ես նրան շատ էի նմանեցնում ակացիայի սպիտակ ծառին:

Սանիեն մի քիչ քթից էր խոսում — ինչոր ընկել էր փոքրիկ եղած ժամանակ և վնասվել — բայց ինձ չափազանց դուր էր գալիս այդ քթի միջից խոսելը, այնքան էր դուր գալիս, որ ուզում էի բոլոր աղջիկներն էլ քթից խոսեին: Սանիեն առաջին աղջիկն էր, որի մարմնի ամենափափուկ տեղերին դպել էին իմ մատները, հաճույք էի զգացել և կարծում էի, որ իսկական կինը պետք է քթից խոսի, որպեսզի ինձ հաճույք պատճառի:

Շեմսիի համար այդպես չէր, նա անընդհատ ծաղրում էր Սանիեին, որ քթից էր խոսում: Եվ Սանիեն ինձ մոտենում էր անսահման ջերմությամբ, զգալով, որ, ընդհակառակն, ինձ դուր էր գալիս իր ծաղրի առարկա պակասությունը և թողնում էր, որ իմ ձեռքերս ազատորեն պտտեցնեմ իր մարմնի բոլոր մասերի վրա...

Իսկ այդ մարմինն ինչքա՛ն մասեր ուներ...

Ամեն անգամ ես նրա մարմնի մեջ գտնում էի ինձ համար բոլորովին անծանոթ մի վայր, ավելի և ավելի փափուկ և սպիտակ, ավելի սարսռոտ և հոտավետ:

Նման հեռավոր և անծանոթ երկրի, նման մթին և թավշյա թավուտների՝ ես ամեն վայրկյան գտնում էի մի նոր և նորագույն բարձրունք կամ խորություն, մի նոր և անսովոր սարսուռ: Երբ մի նոր խորշ կամ մի նոր ծալք, կամ մի բարձունք էի գտնում, ինձ թվում էր, որ էլ նորը չկա, հանել և տիրել եմ արդեն անծանոթ և զգլխիչ երկրամասի բոլոր կետերին:

Ոչ:

Էլի նոր ծալքեր, էլի մի փոքրիկ ուռուցք, էլի մի թավշյա, սպիտակ, փոքրիկ, բայց անհո՜ւն մի տարածություն... գծեր, որ վազում են, կլորություններ, որ ալիքավորվում են և բարձրանում: Հետևում եմ մի գծիգնում է, դառնում, ոլորվում, թավալվում և հանկարծ անէանում մի սպիտակ և հղկված մարմարյա դաշտում:

Գնում եմ անծանոթից ավելի և ավելի անծանոթը, ահա պետք է հասնե՛մ...

Ինձ թվում է, որ ահա պետք է պարզեմ ամբողջ մթին անծանոթը... Պիտի լինի առավոտ, պիտի հոսի արեգակի կաթը աշխարհի վրա, բայց Սանիեն չկա, վազել է պարտեզի կեռասենիների տակ, ծիծաղում է...

Պոկել էի առասպելական ծաղկի հազարավոր թերթերը, բայց դեռևս պետք է պոկեի հազար հազարավոր թերթեր՝ հասնելու համար ծաղիկի հոգու հոգուն:

Ծիծաղում էր Սանիեն:

Կարկաչում էր երկինքներից հոսող կապույտ առուն...

Բայց երբեմն ես և Շամսին կռվում էինք իրար հետ։ Կռվում էինք առանց պատճառի։

Նա ինձ հանկարծ անվանում էր «կյավու[24]», իսկ ես անմիջապես նրան անվանում էի «իթ[25]»։

Այս բառերը մենք սովորել էինք մեր տներից և դպրոցներից։ Բոլոր թուրքերը հայերին կյավուր էին անվանում, և բոլոր հայերը թուրքերին՝ իթ։

Հորս մոտ գալիս էին թուրքեր, արժանանում էին մեծագույն հյուրասիրության, բայց երբ գնում էին, սիրալիր և հարգալիր ողջույններով բաժանվում, հայրս նրանց ետևից մրթմրթում էր «իթլեր»։

Իհարկե, երբ հայրս էր դուրս գալիս մի չափազանց հարգալից հյուրասիրությունից, նրա ետևից թուրքերը մրթմրթում էին «կյավուր»։

Կյավուրը և իթը, անհավատը և շունը չէին կարող ապրել իրար հետ։

Որևէ թուրք երբ ինձ կյավուր էր անվանում, ես ինքնաբերաբար իթ էի անվանում փոխադարձ, բացի Սանիեից։

Սանիեն ակացիայի ծաղիկն էր, որ բուրում էր գարնանային զով գիշերում։

Երբ ձերբակալված և շղթայակապ մի հայի կամ մի խումբ հայերի անցկացնում էին փողոցից դեպի բանտ, հայերը գլխիկոր անցնում էին, իսկ թուրքերը կանգնած՝ հրճվում էին, խնդությամբ լցվում։

Իսկ երբ մի թրքական դագաղ էր անցնում փողոցից, հայերը, աչքերը դեպի երկինք հառած, մրմնջում էին. «Փա՜ռք քեզ աստված»։ Ուրախանում էին, որ մի թուրք պակասել է։

Ինչո՞ւ էր այդպես՝ ես չէի ըմբռնել, և առանց հարցուփորձի իմ մեջ

---

[24] անհավատ

[25] շուն

խորացավ ատելություն դեպի «շները», և Շեմսիի մեջ աճեց ատելություն դեպի «կյավուրները»:

Սանիեն անհետացավ վանդակապատ լուսամուտների ետև, մի դաժան ամպ եկավ և ծածկեց արծաթյա լուսինը, և ես չկարողացա պարզել բուրավետ. զգլխիչ և ծաղկավետ ածանոթը, ինձ անծանոթ մնացին անհունորեն թաքուն ծալքեր, գծեր, թավշյա տարածություններ, ես չկարողացա տիրել ամբողջ մարմարյա դաշտին:

Սանիեն անցնում էր մեր դռան առաշից՝ փաթաթված մի մանիշակագույն ամպով, իմ աչքերը մխրճվում էին նրա չադրայից ներս և թափառում անծանոթ երկրի աստղաբորբ թաքստոցներում:

***

Ամեն առավոտ և ամեն երեկո վանդակապատ լուսամուտից մի աչք է նայում ու մի ձեռք է երկարում դուրս և մի ծաղիկ նետում ոտներիս տակ:

Վանդակապատ լուսամուտը մեր դռնից մի քանի դուռ ներքևում է, պատկանում է մի թուրք կրոնավորի: Ուրբաթ օրերը նա ո՛չ մի քրիստոնյայի չի բարևում և այդ օրը ո՛չ մի քրիստոնյայի բարևին չի պատասխանում:

Բայց ուրբաթ օրն էլ միննույն ձեռքը, փափուկ, ինչպես առավոտի հասմիկը, երկարում է դուրս, մի ծաղիկ նետում և քաշվում ներս:

Վանդակապատ լուսամուտից լսվում է նրա մեղմ ծիծաղը, ուրախության զսպված ճիչը:

Թուրք կրոնավորի երրորդ կինն է, պատանի մի աղջիկ, բանտարկված վանդակների մեջ:

Իմ մեջ բոցավառվում է մի կարոտ, ուզում եմ տեսնել նրան, խոսել հետը:

Վերցնում եմ նետած ծաղիկը, տանում եմ տուն, հոտոտում եմ անվերջ: Այդ ծաղկից անցնում է իմ հոգուն մի անհմանալի դող, խայտանքով լեցուն մի սարսուռ:

Կրոնավորը վաթսունն անց է, կռացած մեջքով, չար, դեղին աչքերով: Ածիլում է ցցված այտոսկրները, միրուքը կլորում, հինայում: Ամեն դուրս գալուն խստիվ պատվիրում է մյուս կանանց — հսկել Բահրիեին, չթողնել լուսամուտի մոտ գնալ, ճանճ չպետք է անցնի անից ներս:

Բայց Բահրիեն, գարունքից կրակված, միջոց է գտնում ոչ միայն լուսամուտին մոտենալու, այլև ձեռքը դուրս հանելու, ծաղիկ նետելու և շշնջալու:

— Վաղը պարտեզն իջիր, քաֆթառները գնալու են, — լսեցի մի օր լուսամուտի ետևից:

Այդ ձայնը կարկաչեց իմ ականջին, զարթեցրեց իմ մեջ կինը...

Լսեցի ու անցա, բայց կարծես նա պոկեց սիրտս և լուսամուտի նեղ վանդակներից քաշեց ներս:

Հեռացա, բայց ձայնը շարունակեց հնչել իմ հոգում, ավելի և ավելի ուժգին:

Կանգ առա մի ծառի շվաքի տակ, արևը ծաղիկներ է հյուսել գետնի վրա, տեսնում եմ Բահրիեին այդ հյուսվածքի մեջ, հովը շնկշնկում է տերևների մեջ — Բահրիեն է խոսում.

— Վաղը պարտեզն իջիր...

Գիշերը կանգնեցի կտուրի վրա, ակացիայի ճյուղերը կռացել են, լուսինը՝ ճիշտ մեր կտուրի վրա, Բահրիեի դեմքն եմ տեսնում լուսնի վրա՝ խոշոր, սև աչքերով, մազը կարճ կտրած, թափվել է ճակատի վրա: Ժպտում է:

Առավոտյան բարձրացա մեր պարտեզի պատի վրա, ցատկեցի հարևանի պարտեզը, շորերս թրջվեցին առավոտի ցողից: Պետք է երեք պարտեզից անցնել Բահրիեի պարտեզը մտնելու համար:

Բարձրացա նրանց պարտեզի պատի վրա: Դողում եմ, բայց ինձ թվում է, որ կարող եմ թռչել:

Բահիրին տեսավ ինձ: Վազեց:

Ես ներքևումն եմ, ծաղկած նռնենու տակ, քիչ հեռուն գտնվող եղրևանին ծածկում է ինձ: Բահիրին երևաց, կանգ առավ, հևում է, դողում, ձեռքը դրած ուռած կրծքի վրա: Գրկեցի նրան, հարբեցի նրա բուրումից, այրվեցին շրթունքներս...

— Գնանք,— ասում է,— ներս գնանք:

Կրոնավորը գիշերով գնացել է հին քաղաքն իր երկու կանանցով. ինչոր ժառանգական դատ կա, դրսի դուռը փակել են Բահիրիի վրա, ոչ մի կասկած չկա, որ նա կարող է դուրս գալ տնից:

Ձեռքս բռնած՝ Բահիրին տարավ ինձ ներս, ննջարանը:

Փաթաթվում է, լաց է լինում, ժպտում, համբուրում: Անկողինը դեռևս չի շինած, նոր է դուրս թռել միջից: Գրկեցի թարմ, պատանի աղջկան, թավալվեցինք անկողնու վրա: Հարբեցուցիչ է կնոջ բուրումը:

Այրեց ինձ կինն առաջին անգամ իմ կյանքում:

Վախը և առաջին ուրախությունը պաշարեցին ինձ, շղթայեցին, և ընկղմվեցի առաջին հանցանքի քաղցրության մեջ:

Երգեցին բոլորը, իրերը ճչացին խայտանքից.

— Բահիրի՜...

Անշարժ պառկած է, լռությամբ ապրում է մի քանի վայրկյանի դարավոր բերկրանքը:

— Գնա՛, շուտ հեռացի՛ր:

Սկսում է լաց լինել:

— Երեկոյան պիտի գաս,— ասում է:

Նրա արցունքները խառնվում են երջանկության կապույտ կաթիլներին:

Երնի ցցվում է նրա դեմ ծերունին՝ դեղին աչքերով:

Գալիս է մինչև ծաղկած նռնենին: Պոկեցի մի կարմիր ծաղիկ, փակցրի նրա կրծքին, բռնեցի ձեռքը, համբուրում եմ...

Բարձրանում եմ պատի վրա, լսում եմ նրա լացը և ուրախության հեքը: Բահրիեն կանգ է առնում մուգկանաչ եղրևանու հովանու տակ, կարոտագին նայում:

Ցատկում եմ մյուս պարտեզը և հավիտենապես բաժանվում առաջին կնոջից:

***

Հաջորդ օրը ես հանդիպեցի Վերոնիկային: Քրիստինեի հորեղբոր աղջկան: Վերոնիկան երկնուղեշ աղջիկ էր, խարտյաշ աչքերով, եղնիկի նման թեթև և վարդի գույնով: Ամեն անգամ, երբ ես նրան հանդիպում էի, մերկանում էր իմ հոգին նրա առաջ, բայց այս անգամ իմ հոգին ծածկվել էր վարդագույն ամոթի քողով: Ես չկարողացա նայել նրա աչքերի մեջ: Բռնեցի ձեռքը, համբուրում եմ ու լաց լինում: Ուզում եմ խոստովան ել, բայց հոգիս չի մերկանում, ես ինքս կանգնած եմ իմ հոգու փակ դռների առաջ:

— Մայրիկդ հիվա՞նդ է,— անմեղորեն հարցնում է Վերոնիկան:

— Ո՛չ, մայրիկս հիվանդ չէ:

Ոչ մի կերպ նա չի կարող գուշակել: Նա ման է գալիս դեռևս անմեղության կապույտ բլուրների վրա: Իհարկե, նրա կրծքում ևս շշնջում է բնությունը ինչոր դյութիչ, կախարդական երգ, բույց հեռու է իմ հանցանքը գուշակելուց: Վերոնիկան երբեք, երբեք չէր կարող պատկերացնել, որ մի ծաղկատի կին, բաց է արել իր մարմնի թաքուն գանձերը իմ առաջ ո՛չ միայն առանց ամաչելու, այլև բորբոքալից կարոտով, կարոտովը գիշերը բացվող և լուսաբացի շողերին սպասող ծաղկին:

Գնում ենք պարտեզի խորքը: Ծաղիկներ են ճզմվում մեր ոտների տակ, իսկ ծառերից մրգեր են կախվել: Որոշում եմ, որ երբ հասնենք բարձր թթենուն, խոստովանեմ իմ հանցանքը, բայց երբ հասնում ենք թթենուն, Վերոնիկան սկսում է վազվզել և աղաղակել. «Ինձի բռնե»: Վազում եմ, չեմ ուզում շուտ բռնել, վերջապես բռնում եմ, և մեր շրթունքները, անիմանալի ինչոր մղումից, փարվում են իրար: Բոլոր տերևները թվում է, ծափ են տալիս, մրգերը երգում են, իսկ պարտեզը, իբրև ոսկյա ծնծղա, թրթռում է:

— Վերո՛ն, — լսվում է ցածր:

Դառնում ենք: Քրիստինեն: Մոտենում ենք: Քրիստինեն ամբողջ մարմնով դողում է: Հազիվ շշնջում է.

— Բենոն կուգա:

— Թո՛ղ գա, — ասում է Վերոնիկան և թևերը վեր բարձրացնելով՝ միրգ է քաղում: Նրա ստինքները կարծես ուզում են երկինք թռչել:

Բենոն Վերոնիկայի եղբայրն էր և իմ դասընկերը: Նրա մոտենալուց չէր, որ Քրիստինեն դողում էր, նա դողում էր մեր համբույրից:

Բենոն մոտեցավ: Միասին բարձրացանք թթենին: Թութն այրվել է արևից, ցամաքել, քաղցրացել:

Վերոնիկայի գլխի վրա ևս փշրվեց երկնքի փիրուզը, փչեց անապատի մահաշունչ խորշակը, և նրա մարմինը ծածկվեց ավազների տակ:

Միայն առավոտյան աստղը մի քանի կաթիլ արցունք թողեց նրա վրա, ապա երեկոն իջավ արյունալից աչքերով:

***

Առավոտ: Գորշ, մռայլ երկինք, բայց ձյունն ամբողջ գիշեր թափվել է, ծածկել երկիրը շուշաններով:

Պայուսակը կռնատակիս դուրս եմ գալիս տնից՝ վազելու դպրոց: Շները ողջունում են իմ առավոտը:

Տեսնում եմ՝ մարդիկ քայլում են արագ, լու՛ռ, ահաբեկված աչքերով: Մի կին է կանգնած առաջին փողոցի անկյունում, նրա աչքերում անդնդախոր լռություն կա:

Ընդհանուր լռություն է տիրում, կարծես ձյունը մի վիթխարի դագաղի սպիտակ սավան է: Բնազդորեն զգում եմ, որ մի բան կա, որն ինձ ահ է ներշնչում, այդ ահն աճում է, ինչքան առաջ են շարժվում քայլերս:

Մի տան լուսամուտի վարագույրը խորհրդավոր կերպով քաշում են ներսից, կարծես չեն ցանկանում, որ օրվա լույսը թափանցի ներս: Մեկը դուռը բաց է անում, երկյուղալից աչքերով նայում է փողոցին վերից վար ու փակում:

Հանդիպում եմ Գրիգոր աղային, դանդաղաշարժ մի մարդ, բայց աճապարում է:

— Ո՞ւր կերթաս,— հարցնում է:

— Դպրոց, — պատասխանում եմ:

Ուզում է մի բան ասել, բայց ձեռքը թափ է տալիս ու անցնում: Կարծես վազում է, եզան նման այդ դանդաղաշարժ մարդը, կարծես փախչում է վերահաս վտանգից:

Մի խումբ մարդիկ կուչ եկած, բայց արագ քայլերով աճապարում են քաղաքի մեծ հրապարակից: Ուզում եմ մի բան հարցնել, բայց ոչ ոք գլուխը վեր չի բարձրացնում: Արագ անցնում են:

Խանութները փակ են: Ո՛չ կիրակի է, ո՛չ էլ ուրբաթ: Մեկմեկ կիսաբաց խանութներ կան: Ներս եմ նայում փեղկերից:

Մարդիկ նստած են անկյունները, կծկված, չեն խոսում, միայն ծխում են:

Ոչ ոք, ոչ ոք չի խոսում, նայում են ինձ մեկմեկ ցավագին ժպտում:

Որքան մոտենում եմ մեծ հրապարակին, այնքան խորանում է լռությունը: Մի կին ահաբեկված դուրս է գալիս, չսանրած մազերով, գրեթե գիշերային շորերով, բռնում է տասը տարեկան մի մանկան ուսից և աճապարանքով քաշում ներս, դուռը փակում:

Հասնում եմ հրապարակ:

Հրապարակի մեջտեղում, ընդհանուր ձյունի սպիտակության մեջ, մի սև կույտ: Չորս զինվոր՝ փայլփլացող սվիններով, կանգնել են այդ սև կույտի բոլորտիքը, հատհատ մարդիկ, կծկված և ահաբեկված, մոտենում են, դիտում, աչքերը փակում և անցնում լուռ:

Մոտենում եմ:

Տեսնում եմ առանց մարմնի մի գլուխ:

Ձյան վրա արյունը սառել է, սևացել: Գլուխը պառկած է, քնելու նման:

Դառնում եմ մյուս կողմը — թևերը ձյան մեջ խրած մի մարդ՝ առանց գլխի:

Սառած մնացել եմ, ոտքերս չեն շարժվում:

Զինվորներից մեկը հրամայում է.

— Հեռացի՛ր:

Հեռանում եմ:

Առավոտյան, մթնշաղին, սուլթանական բռնակալությունը կտրել է երկու հեղափոխականի գլուխ:

Մյուսը քաղաքի վերևի հրապարակումն է:

Առաջին անգամ տեսնում եմ չար բռնակալության պատկերը, զարհուրելի պատկեր:

Տխրեց իմ մանկական հոգին:

Ուզում եմ տուն դառնալ, բայց հրապարակի վերևում բարձրանում է մի աղմուկ: Բազմություն: Վազում եմ:

— Ֆուադ բե՛յը, Ֆուադ բե՛յը. . .

Ֆուադ բեյը գեղեցիկ գլխով, խարտյաշ, երազուն աչքերով մի թուրք է, երիտասարդ, լայնաճակատ, նրբակազմ, բայց առնական, հագնում է չերքեզի շորեր, քայլում է դանդաղ ու հպարտ: Ֆուադ բեյը Պոլսից աքսորված թուրք հեղափոխականներից մեկն էր, որ աղմուկ էր բարձրացրել հեղափոխականների գլխատման համար:

Ահա բարձրացավ նա մի խանութի քարե աստիճանների վրա և խոսում է հավաքված բազմության: Նա այլևս այն երազուն աչքերը չունի, մոլեգին մի նայվածք, վսեմորեն վայրենացած, փափախը ձեռին, նրա խարտյաշ մազերը թափված են լայն ճակատի վրա: Հազիվ կարողանում եմ լսել և հասկանալ մի քանի բառ անկցի՛ և այլն: Վրա են հասնում բռնակալության հավատարիմ ոստիկանները, պաշարում են Ֆուադ բեյին, հրում, կապում ձեռքերը, քշում տանում:

Բազմությունը, ահաբեկված, զարհուրած, ցրվում է:

Իջնում է նորից լռությունը՝ ծա՛նր, ծա՛նր:

Դառնում եմ տուն: Բոլոր լուսամուտների վարագույրները քաշված են:

Ներս եմ մտնում:

Ո՛չ ոք չի խոսում:

Փաթաթվում եմ մորս:

Նա լու՛ռ շոյում է գլուխս:

Խեղդում է ինձ այդ լռությունը:

Ուզում եմ ճչալ, բայց շղթայված եմ լռությամբ: Ամբողջ քաղաքը դարձել է մի գերեզման:

Սրտիս մեջ երբեմն լսվում է թնդյուն, խուլ արձագանքում և մարում:

Կտրված գլու՜խ... Չէ՞ որ միայն ոչխարի գլուխն են կտրում:

Ո՞վ է կտրել այդ գլուխները:

— Ահմեդ Չավուշը, Ահմեդ Չավուշը... — շշնջում են:

Ահմեդ Չավուշը դառնում է իմ աչքին այն առասպելական հրեշը, որի մասին շատ էի լսել, բայց երբեք չէի տեսել և չէի էլ կարող պատկերացնել:

***

Մի անձրևոտ գիշեր դաշունահար սպանվեց մեր դպրոցի տեսուչ Հակոբ Սիմոնյանն իր տան առաջը գտնված փշենու ծառի տակ:

Առավոտյան լուրը կայծակի պես տարածվեց — թուրքերը դաշույնի հարվածներով սպանել են Հակոբ Սիմոնյանին, թուրքե՛րը, շնե՛րը...

Լուրն ինչքան տարածվում էր, ատելությունն այնքան խորանում էր և փրփրում:

Քաղաքի մի քանի փողոցներում արդեն ընդհարումներ էին տեղի ունեցել հայի և թուրքի միջև: Թուրքերը անցնելիս՝ հայերը հայհոյել էին — նրանց կրոնը, Մուհամմեդին, և սկսել էր կռիվը:

Ամբողջ օրն առաջնորդարանում ժողով էր տեղի ունենում, ուզում էին հեռագրել Պոլիս՝ պատրիարքին՝ բողոքելու տեղի ունեցած ոճրագործության դեմ: Քաղաքը պաշարվեց զինվորներով, ամեն մի փողոցի անկյունում զինված ոստիկաններ էին կանգնած ու արգելում էին անցքը և անցնողներին ձերբակալում: Ձերբակալում էին միայն հայերին: Շատերը, ձերբակալությունից խուսափելու համար, սպիտակ ապարոշ էին կապում իրենց ֆեսի շուրջը և դուրս դնում: Ոստիկանները, տեսնելով ապարոշը և կարծելով մոլլաններ, ազատ անցք էին տալիս: Մինչև երեկո քաղաքը լցվեց «մոլլաներով»:

Երեք օր շարունակվեց այդ դրությունը և գնալով դարձավ մի մութ մղձավանջ: Դիակը մնաց իր բնակարանում՝ հարազատներով շրջապատված:

Հնարավորություն չկար թաղելու:

Երեք օր հետո կատարվեց թաղումը, և ձերբակալվածներն ազատ արձակվեցին, որպեսզի մասնակցեն թաղմանը: Բազմահազար մասսա էր հավաքվել թաղմանը, եկել էին մարդիկ և հեռավոր գյուղերից: Թաղումը տեղի ունեցավ առանց որևէ ծայրահեղությունների, բոլորն էլ հանգստացել էին, գլուխները կախ արել, բոլորն էլ երևում էին մի տեսակ ամոթահար:

Ինչո՞ւ:

Պարզվել էր, որ Հակոբ Սիմոնյանին սպանողը թուրք չի եղել, այլ մի երիտասարդ հայ, այն էլ տեսչի սաներից մեկը, որը երկու տարի առաջ ավարտել էր և զբաղվում էր ուսուցչությամբ:

Ինչո՞ւ էր սպանել Հակոբը Հակոբ Սիմոնյանին:

Սպանողի անունն էլ Հակոբ էր:

Հակոբ Սիմոնյանը ունեցել էր մի ազգականուհի, սիրուն մի աղջիկ, որին ոճրագործը սիրահարված էր եղել:

Աղջկա ծնողները տեսչից խորհուրդ են հարցրել իր աշակերտի մասին, որպեսզի վերջնականապես որոշեն աղջկա ճակատագիրը:

— Անմիտ և խենթ տղային մեկն է, — պատասխանել էր տեսուչը:

Ծնողները, իրենց աղջկան համոզելու համար, հայտնում են նրան ազգական տեսչի՝ իբրև քաղաքում ամենամեծ մտավորականի, կարծիքը, աղջիկն էլ, իր հերթին, հայտնում է Հակոբին տեսչի այդ կարծիքը՝ բացատրելու համար այն դժվարությունները, որոնք ծառացել են իր դեմ՝ նրա հետ կապվելու ճանապարհին:

Եվ ահա Հակոբը, անմիտ և խենթ, կտրել է տեսչի առաջ կեսգիշերին և դաշունահար արել տեղնուտեղը:

Քաղաքի ամենավերջին թուրքը մազաչափ մասնակցություն չէր ունեցել այս ոճրագործության մեջ: Հայերը, ամոթահար, լռեցին, բայց թուրքերն աշխատեցին չմոռանալ այն:

***

Այս դեպքից մի ամիս անց, քաղաքի ամենակատաղի թուրքերից մեկի՝ Աhմեդ Չավուշի կինը խեղդամահ գտնվեց իր սեփական անկողնում:

Աhմեդ Չավուշը մունետիկ էր, բարձր և խռպոտ ձայնով:

Եթե կառավարությանը հարկ լիներ մի որևէ հայտարարություն անել, կանչում էր Աhմեդ Չավուշին և նրան էր հանձնարարում անել այդ հայտարարությունը: Հանկարծ ղողանջում էր Աhմեդ Չավուշի ձայնը. «...չանսացողները կբարձրանան կախաղան...»: Նրա հայտարարությունները միշտ վերջանում էին պատժի գերագույն չափի անողորմ հայտարարությամբ:

Եվ հանկարծ, կեսգիշերին, մեր թաղում լսվեց Աhմեդ Չավուշի ձայնը. «Հայերը կնոջս խեղդեցի՜ն ու փախա՜ն, փախա՜ն...» — այս բառերից հետո լսվեց մի կատաղի մռնչոց, կարծես մի գազան էր ոռնում: Ձայնը լսվում էր կտուրից, նա բարձրացել էր կտուրը, պտույտ էր գալիս իր առանցքի վրա և գոռում, ձեռները վեր բարձրացնելով և ճոճելով օդում՝ «հայերը կնոջս խեղդեցին ու փախա՜ն...»:

Կեսգիշերին բոլորը նստեցին իրենց անկողինների մեջ, քնից զարթնած և սարսափած, խաչակնքեցին և լռեցին՝ սպասելով, թե ի՞նչ աղետ պիտի պատահեր առավոտյան:

Բայց աղետը չսպասեց առավոտյան, եկավ հասավ կեսգիշերին:

Աhմեդ Չավուշի տունը լցվեց ոստիկաններով ու թուրքերով:

Հայերը եկել էին, մտել տունը, Աhմեդ Չավուշին կապել, բերանը բամբակով փակել, և երբ ճգնել էր իրեն ազատել, ծեծել էին, կնոջը խեղդամահ արել անկողնում և փախել, — այս էր Ահմեդ Չավուշի պատմությունը ոստիկաններին և թուրքերին:

Հայերն անգամ հավատում էին այս պատմության, որովհետև վրեժխնդրություն էին կարծում: Ամիսներ առաջ Չավուշն էր եղել, որ մսագործի յաթաղանով կտրել էր երկու հայ հեղափոխականների գլուխները հրապարակով, միակ մարդը, որ համաձայնել էր դահճի դեր կատարել, գլուխները կտրելուց հետո էլ՝ ափով վերցրել էր արյունը, քսել միրուքին և կտրված գլուխներից մի քայլ հեռու չոքել և աղոթել ալլահին:

Կեսգիշերին սկսվեցին ձերբակալումները և տևեցին մինչև առավոտ: Առավոտյան բանտը լցվեց հայերով: Մինչև բանտ հասցնելը ծեծում էին, վիրավորում, թքում, անպատվում:

Դեպքի երեկոյան Չավուշը կնոջն ասե՛լ էր, որ գնում է գյուղ: Շատ անգամ էր նա գյուղ գնում: Գնացել էր շուկա ձի վարձելու: Խոստացել էին ձիապանները, բայց սպասեցրել: Ահմեդ Չավուշը մինչև կեսգիշեր սպասել էր ձիուն, չէր ստացել և հուսահատ տուն էր վերադարձել կեսգիշերին, տեսել էր մի ջահել թուրք իր տանը, կինն էլ նրա գրկում: Չավուշը, կատաղած, ջահել թուրքին խեղդել էր և նետել հորը, կնոջը խեղդել էր և թողել անկողնում, բարձրացել կտուրը և սկսել էր ոռնալ՝ «Հայերը կնոջս խեղդեցին ու փախա՜ն. . .»:

Ահա այսպես էր պատահել դեպքը:

Ջահել թուրքի դիակը հանեցին հորից, ձերբակալեցին Ահմեդ Չավուշին: Հորը նետված թուրքի ծնողները հարուստ էին և ազդեցիկ, հետապնդեցին արդարադատությունը և Ահմեդ Չավուշին աքսորեցին Կոնյա՝ արգելելով նրան վերադառնալ:

Բոլոր ձերբակալված հայերին միասին ազատ չարձակեցին, այլ մեկմեկ, կամացկամաց, ամենավերջինին՝ ամենավերջին օրն էլ հարցաքննելով Ահմեդ Չավուշի ոճիրի կապակցությամբ:

***

Մի թուրք մոտենում էր մի հայ խանութպանի և հավաննելով մի ապրանք՝ արժեքն էր հարցնում:

— Արշինը տասը ղուրուշ, — պատասխանում էր հայ խանութպանը:

— Հինգով տուր, — առաջարկում էր թուրքը:

— Չեմ կրնար տալ, ընծի արդեն ութը ղուրուշ մալ է եղեր:

Թուրքը պահանջում էր, որ հինգով տա, հայը չէր տալիս, թուրքը հեռանում էր ատելությամբ, ատամները կրճտացնելով:

Անցնում էր մեկերկու օր, և ահա փողոցում մի իրարանցում — թուրքերը ծեծում են ինչոր հայու:

Արշինը հինգ ղուրուշով ապրանք չտվող հայ խանութպանն է ծեծ ուտողը: Թուրքն էլի էր հանդիպել նրան փողոցում: Թուրքը հարցրել էր․

— Հինգ ղուրուշով չե՞ս տար, գյավուր:

— Ո՛չ,

Եվ թուրքն սկսել էր բղավել:

— Դինիմե սեռկտի[26]… հասեք, ես խաղաղ անցնում էի, Մուհամմեդին հայհոյեց, սուրբ կրոնը հայհոյե՛ց…

Ահա ամբոխը կոտրտում էր հայ խանութպանի քիթն ու բերանը, իսկ հայ խանութպանն ամեն մի հարվածին պատասխանում էր․

— Հինգ ղուրշով չեմ տար, ամա ձրի կուտամ, տարե՛ք:

Ոչ ոք չէր հարց տալիս, թե ինչո՞ւ ծեծ ուտող մարդն այդ խոսքերն է աղաղակում, ի՞նչ կապ ունեն այդ խոսքերը սուրբ կրոնի հետ:

---

[26] կրոնիս հայհոյեց

Պատահում էր ուրիշ դեպք:

Մի քանի հայ, ամայի մի վայրում, հանդիպում են մի թուրքի, բոլորովին անծանոթ:

— Հայդե՛, ծո, աղեկ բռնեցինք...

Մոտենում էին թուրքին, խոսակցության բռնվում, անարգական խոսքեր ասում, թուրքը պատասխանում էր փոխադարձ անարգական խոսքերով:

— Ծո՛, դուն ո՞ր շունն ես, որ էդպես կպատասխանես, հավկըլե[27], ծո:

Ձեռաց սպանում էին, զցում մի փոս և հեռանում: Մի քանի օրից գտնում էին դիակը և սկսում էին ձերբակալությունները:

***

Ոսկերիչ Տիգրանը մի այգի ուներ քաղաքի սպանդանոցի մոտ: Ես գնացել էի մեր ազգականի այգին, որը գտնվում էր ոսկերիչ Տիգրանի այգուն կից:

Կեսօրին մի թուրք մտավ այգին մի կողով շալակած և խաղող ուզեց: Տիգրանը չուզեց տալ, բայց մայրը միջամտեց.

— Տո՛ւր, շուն է, կը դուշմըննա:

Տիգրանը տվեց նրան խաղող, բայց ոչ կողովը լցվելու չափ: Թուրքը պահանջեց, որ ամբողջ կողովը լցնի:

— Կողովը լցնեմ, չես կարող շալակել, ծանր է, — ասաց Տիգրանը, կատակելով և հասկացնելով, որ ավելին չի ցանկանում տալ:

Թուրքը պահանջեց, որ անպայման կողովը լցնի: Մայրն էլ միջամտեց, բայց Տիգրանը զայրացավ և մերժեց:

---

[27] կուլ տալ

— Այդքան ը որ ձրի տվի, հերիք է, — հայտարարեց Տիգրանը: Թուրքն էլի պահանջեց: Նրանք կպան իրար:

Տիգրանը նիհար և թուլակազմ մի մարդ էր, իսկ թուրքը՝ ուժեղ և հաղթանդամ: Տիգրանը պարտվեց, կուշտ ծեծ կերավ և մի ատամն էր վրա տվեց: Ոչ ոք չմիջամտեց:

— Շուն է, կերթա հազար ու մեկ խառնակչություն կենե, — ասին բոլորը և թույլ տվին, որ Տիգրանը ծեծն ուտե:

Հինգ օր հետո Տիգրանին կանչել էին դատի:

Ես գնացել էի դատարան այդ դատը տեսնելու, հակառակ մորս պատվերին, որ այդպիսի տեղեր չգնամ:

Թուրքը դատարան ներկայացավ՝ ճակատը սպիտակ թաշկինակով կապած: Իբր թե Տիգրանը խփել էր քարով նրա ճակատին և ջարդել: Թուրքը ներկայացրեց դատարանին բժշկի տեղեկանքը վերքի մասին: Տիգրանին երկու ամիս բանտ վճռեցին և ծեծելով տարան բանտ, իսկ Տիգրանը դատարանում միայն մի բան էր խնդրում.

— Քանդեցե՛ք թաշկինակը և տեսե՛ք թե՝ վերք կա՞:

Դատարանը գտավ, որ կառավարական բժշկի տեղեկանքը կա և բավական է:

Երբ Տիգրանին տարան բանտ, և մենք էլ դուրս եկանք, ես իմ այս աչքերովս տեսա, որ թուրքը իջավ փողոց և հանգիստ սրտով քանդեց ճակատի թաշկինակն ու դրավ գրպանը — ոչ մի վերքի հետք, մինչև անգամ ճանկռտուքի հետք չկար ճակատի վրա:

***

Մի օր, ցերեկով, մի սարսափելի լուր տարածվեց — մի հայ սափրիչ ածիլվող մի թուրքի վիզն է կտրել:

Լուրը տարածվեց կայծակի արագությամբ: Ամեն մարդ ջանաց

անմիջապես խանութը փակել և տուն գնալ: Տաննիհինգ րոպեում քաղաքի շուկան ստացավ կիրակնօրյա կերպարանք՝ դատարկվեց:

Ի՞նչ էր պատահել:

Հայ սափրիչը թուրքին ածիլելիս է եղել, երբ սափրիչին մի ծանոթ հայ ներս է մտնում և նրա ականջին շշնջում.

— Դուրսը թուրքն ու հայն իրար են խառնվեր, դուն ի՞նչ կենես հոս:

Այդ եղել էր պարզ մի կատակ:

Սափրիչը, մի վայրկյան մտածելով, որ դուրսն արդեն սկսել են, իր առաջ կա կենդանի պատեհություն, լավ է ձեռաց օգտվել այդ պատեհությունից, կես քնի մեջ ածիլվող թուրքի վիզը կտրում է, ընկնում դուրս՝ ածելիով խառնվելու դրսում սկսված պայքարին: Տեսնում է, որ դրսում ամեն ինչ խաղաղ է և ահաբեկված զարհուրելի հեռանկարից՝ ձին նստում է ու փախչում քաղաքից դուրս:

Երեկոյան սափրիչի կնոջը ոստիկանները տանում են բանտ ծեծելով և ստիպելով.

— Ամուսնուդ թաքստոցն ասա:

***

Հռչակվեց օսմանյան սահմանադրությունը:

Համբույրներ, գրկախառնումներ, ողջագուրումներ, սիրո և եղբայրության լիրիկական զեղումներ:

Բաց արին բանտի դռները, դուրս եկան քաղաքական բանտարկյալները, որոնց մեջ և իմ երկու ուսուցիչները:

Կառավարական շենքի առաջ կատարվեց ազատության հանդես,

դուրս եկան և խոսեցին թուրք հեղափոխականները Կանունը Էսասիի[28] մասին:

Առաջին անգամն էր, որ ես տեսնում էի թուրք հեղափոխականներ. մի՞թե թուրքը երբևիցե կարող էր հեղափոխական լինել— այսպես էին ինձ ասել, այդպես էլ հավատացած էի:

Այդ հանդեսից էի վերադառնում, հոգնած, փոշեթաթավ, քաղցած և բերկրանքով լեցուն:

Փողոցում հանդիպեց ինձ Շեմսին:

Երկար ժամանակ էր մենք իրար չէինք բարևում: Նա իմ հորս էր գյավուր անվանել, ես էլ իր հորը իթ անվանել: Մենք շատ էինք այդ ածականներն ասել իրարու և հաշտվել, բայց այս անգամ մենք վիրավորել էինք մեր ծնողներին:

Մանավանդ ես դաշունահար վիրավորվել էի նրա խոսքից, որովհետև այն ժամանակ, երբ Շեմսին հայհոյեց հորս՝ նա գերեզմանում հող էր դառնում…

Շեմսին ինձ նայեց աչքի պոչովը:

Ես էլ:

Ժպտացի:

Նա էլ:

Ես չեմ կարող ասել, թե ինչպես մեր ոտները շարժվեցին ու մոտեցան իրար և մեր թևերը փաթաթվեցին իրարու:

Շեմսին ինձ քաշեցտարավ իրենց տունը: Օտարոտի թվաց այդ հին տունը, վաղուց էր չէի տեսել: Շեմսին ինձ առաջնորդեց ներս, ոտնակոխելով տան հարեմական սովորությունները: Համբուրեցի նրա մոր ձեռքը, դարձա և տեսա Սանիեին, որ կանգնած ժպտում էր:

---

[28] Սահմանադրության

Իմ և նրա ձեռքերը երկարեցին իրար, ինչպես մարդու սեփական ձեռքերը, երբ սիրտը ցանկանում է ծափահարել:

Շատ վաղուց էր ես Սանիեին չէի տեսել առանց մանիշակագույն ամպի:

Նա մի քիչ, շատ քիչ, կորցրել էր իր եթերայնությունը, բայց դարձել էր արյունալի:

Երբ ես ձեռքն ուժգին սեղմեցի, կարմրեց, շրթունքները դողացին և ինչոր շշնջաց՝ մորը դառնալով: Այդ շշուկի մեջ այնքան կանացիություն կար, որ ես նրան անմիջապես պատկերացրի ավազանում լողանալիս, և ավազանի սառը ջուրը սառում է նրա մարմնի արևային ջերմությունից:

***

Համբույրներն ու գրկախառնումները ոչինչ չօգնեցին, որովհետև մի քանի օր հետո իսկ, «իմաստուն» հայեր շշնջացին ուրիշ ականջների՝

— Չի խաբվիք:

Եվ «իմաստուն» թուրքեր ևս շշնջացին՝

— Զգույշ, հայերը կուզեն մեր երկիրը իշխեն և վերացնեն կրոնը:

Կարծես ժամանակը ետ դարձավ:

***

Երբ մենք փոքր էինք, մի խաղ էինք խաղում, որ կոչվում էր «հայ և թուրք»: Դա պարզ մի խաղ էր՝ մեջտեղը մի քարակույտ, որ ամրոց էր կոչվում, մանուկները բաժանվում էին երկու մասի՝ ամրոցը գրավելու: Բաժանված խմբերից մեկը կոչվում էր հայ, իսկ մյուսը՝ թուրք:

— Ծո՛, թուրքերը մտան...

— Հայերը բերդին կմոտենան, տվե՛ք գլխներուն:

Եվ սա համարվում էր անմեղ խաղ:

Այդ խաղը շարունակվեց մինչև իմպերիալիստական պատերազմը: Այդ պատերազմում խաղացվեց նույն խաղը, միայն այն տարբերությամբ, որ այս անգամ կողմերն իսկական հայեր և թուրքեր էին, խաղում էին լուրջ և իրական հողի վրա, անսահման ատելությամբ բոցավառված:

Ո՛չ ոք, բացարձակապես ո՛չ ոք մեզ չէր ասում թե՝ մի խաղաք այդ խաղը: Երբ մենք խաղում էինք, մեծերը, բեղերով մարդիկ, շատ լուրջ և իմաստուն մարդկանց համբավ ունեցող մարդիկ, դիտում էին այդ խաղը և ժպտում: Եվ, առհասարակ, դիտողները հրճվում էին, երբ «թուրքերը» պարտվում էին: Խաղի պաֆոսն այնքան էր խորանում, որ «հայերը» «թուրքերին» խաղի ժամանակ կանչում էին այն անարգական ածականներով, ինչ որ իրական կյանքում, խաղից դուրս:

Երբ տաքանում էինք՝ սկսում էինք աղաղակել.

— Վուռուն իթլերե... (Զարկե՛ք շներին):

— Կյավուրլար կիրդիլեր... (կյավուրները մտան):

Խաղն սկսելու համար մենք միշտ կանգնած էինք լինում մի դժվարության առաջ՝ ո՛չ ոք չէր ցանկանում «թուրք» լինել: Ստիպված էինք լինում վիճակ գցել: Ով որ «հայ» էր քաշում, անսահման ուրախանում էր, իսկ «թուրք» քաշողները տխրում էին, ակամա մասնակցում խաղին, պարզապես մանկական խաղի կարգապահության կարգով:

Մենք մեծանում էինք այս ոգով:

Պիպերի համար փոխանակ ասելու «կծու է», ասում էինք «տաճիկ է»:

Մեր բարբառում տաճկընալ կամ թրքանալ, կը նշանակեր՝ զայրանալ, վայրենանալ։

— Համբերանքս հատավ, տաճկըցա, — ասում էինք...

Եվ գալիք սերունդները կը պատմեն մի զարմանալի հեքիաթ։

«Լինում է, չի լինում, մի փոքրաթիվ և հին ժողովուրդ է լինում, որ ապրում էր Վանա ծովից մինչև Միջերկրականը, Բաղդատից մինչև Բյուզանդիոնը։ Լինում է այդ հին ժողովուրդը հողագործ, աղքատ, արհեստավոր, մտավորական, վաճառական, կալվածատեր, բանկիր, պետական բարձր պաշտոնատար, փողոցների կեղտն հավաքող, ծառա, ճորտ և այլն։ Այդ ժողովրդին սիրաբորբոք սիրում են իր հարուստ ցեղակիցները նրա սահմաններից դուրս, սիրաբորբոք սիրում են նրանց և Արևմտյան պետությունների մինիստրները, որովհետև այդ ժողովուրդն ուներ սև ու սիրուն աչքեր և տարածում էր կուլտուրա ողջ խավար Արևելքում։ Սիրաբորբոք սիրուց մղված՝ իր հարուստ ցեղակիցները և Արևմտյան մինիստրները հրում են այդ ժողովրդին դեպի կռիվ իր հարևանների դեմ, հարևաններ, որոնք տարբեր էին կրոնով, արյունով և կուլտուրայով, ունեին սուրեր և զրահ, զորք, ռազմատորմիղ և գերակշիռ թիվ։ Լինում է, չի լինում, մեծ պատերազմ է լինում։ Ողջ աշխարհը բռնում է վառոդի ծուխը, և արյան գետեր են հոսում։ Հին այդ ժողովրդի ականջին գոռում են մինիստրները և հարուստ ցեղակիցները. «Եկել է ազատության ժամը, խփի՛ր քո հարևանին, խփի՛ր նրա մահակին քո խաչով»։ Հին այդ ժողովրդի սև ու սիրուն աչքերը փայլում են ազատության տենչից, սկսվում է անհավասար կռիվ, զարկում են, զարկվում, և հին այդ ժողովրդից մնում է միայն մի փշուր՝ իբրև կոշմարային հիշատակ։

Ապա գերագույն ու վսեմ ցինիզմով հռհռում են մինիստրները և հարուստ ցեղակիցները՝ ոսկորների և մոխիրների վրա։

Եվ երկնքից ընկնում է երեք խնձոր...»

ԺԸ

Այդ աշխարհում մի սերունդ կար, որ մեծացել էր բաղնիքների ետևում դիզված կայծեր պարունակող մոխրակույտերի մեջ։

Այս սերունդը թուրքերեն լեզվով կոչվում էր քյուլխան բեյի — մոխրակույտերի իշխան, — որոնց ծնունդը հար և նման էր մեզանից 1930 տարի առաջ ծնված Նազովրեցի Հիսուսի ծնունդին՝ անհայր, որովհետև մեր դարում չէր ճարվի մի դուրգար Հովսեփ, որ կնության առներ մի կույս՝ երեխան գրկում: Այդ կույսերը տանում, ձգում էին իրենց ոտի ելած մանուկներր բաղնիքների ետևում դիզված մոխրակույտերի մեջ, և նրանք մեծանում էին առանց Հովսեփի ու առանց «սուրբ կույս» մոր:

Ձմեռները նրանք բաց էին անում մոխիրները, մտնում մեջը, պառկում, մոխիրը քաշում վրաները և քնում՝ ազատվելով անգութ և անկարեկից ցրտից:

Մոխրակույտերի այս իշխաններն ապրում էին կիսամերկ, մեջիդների դռներին սլքտալով, ապտակ ուտելով:

Ճաշում էին աղբակույտերում, ձմերուկի, սեխի, խնձորի կեղևներով, կատուների ճանկերից մսի կտորներ գողանալով, մսագործի խանութներից՝ ոչխարի մի տոտիկ կամ մի գլուխ, քաղաքում հավկիթներ էին թռցնում, թաղերում հարուստների փոքրիկ երեխաների ձեռքից կորզում էին կարկանդակ և մրգեր:

Կեսօրին հավաքվում էին զորանոցի ետևը և օգտվում թափված խարավանայից[29]: Հարձակվում էին գյուղից քաղաք եկող իշաբեռների, սայլերի վրա, ծեծվելով, քիթ ու բերան ջարդոտելով՝ ձեռք էին բերում մի քանի ափ ցորեն կամ ալյուր, հարձակում էին գործում, մանավանդ, ճակնդեղի բեռների վրա, որովհետև կարող էին ճակնդեղները խաշել բաղնիքի նոր դուրս թափված այրող մոխրի մեջ և ուտել:

Պետական, կրոնական, հասարակական և բարեգործական ոչ մի կազմակերպություն գոյություն չուներ, որ մտածեր այդ «իշխանների» մասին:

Մեռածներին թաղում էին իրենք, մոխրակույտերից մի քիչ հեռու, մի քանի գլուխ ջարդելով նրա ցնցոտիների բաժանման պայքարում:

---

[29] զինվորական ապուր

Տարին մի անգամ բաղնիքի տերը, համաձայն քաղաքային օրենքի, պարտական էր մաքրել ամբողջ մոխրակույտը: Այդ մաքրության ընթացքում տասնյակ դիակներ էին դուրս գալիս:

Շատերը հենց քնել էին և չէին զարթել:

***

Մոխրակույտերի իշխաններից մեկն էր Ալին, նրանց ամենից գեղեցիկ հերոսը, բարձրահասակ, սիրուն կազմվածքով և ուժեղ:

Ալին 25 տարեկան էր, երբ հայրս կանչեց իր մոտ և նշանակեց նրան մեր ագարակի պահապան: Մեր ագարակն ավերողները մոխրակույտի իշխաններն էին: Ալիի պաշտոնի գլուխ անցնելուց հետո՝ ոչ մի «իշխան» չմտավ մեր ագարակը, միայն Ալին իր սեփական խմբին երբեմն մատակարարում էր մեր ագարակից մրգեղեն և բանջարեղեն:

Հայրս գոհ էր Ալիի պաշտպանությունից: Ագարակը միանգամայն փրկվեց փչանալուց:

Ալին հավատարիմ էր, անկեղծ և հանդուգն: Նա կռվի էր բռնվում ոստիկանների հետ և հաղթում:

Մեր ագարակը մտնելուց հետո՝ նա փոխեց իր շորերը, կյանքում երրորդ անգամը լինելով՝ լողացավ, ածիլվեց, մազերը խուզեց, լայն, երկար և կանաչ գոտի կապեց մեջքին և նրա մեջ խրեց դանակն ու մարդ ծեծելու փայտի կամ գավազանի չափ հաստ և երկար մուշտուկը:

Այս կերպարանափոխությունից հետո էլ մարդիկ չմոռացան նրա սոցիալական ծագումը և ամեն առիթի նրա երեսին շպրտում էին նախկին արհամարհական խոսքը.

— Քյուլխան բեյի...

Մի օր Ալին եկավ հորս մոտ, ամաչելով կանգնեց և ասաց.

— Հաջի էֆենդի, ես մտածում եմ ուրիշ քաղաք գնալ, այստեղ բոլորն էլ գիտեն, որ քյուլխան բեյի եմ:

Ամաչելով իր ծագումից, կյանքումը լաց չեղած այս բիրտ մարդը լաց եղավ, թափեց այրող արցունքներ, որ մինչև այն ժամանակ անծանոթ էին նրա կոպերին: Նա լաց էր եղել միայն փայտի հարվածներից և ոստիկանների հանկարծակի հասցրած մտրակներից:

— Ականջ մի՛ կախեր, Ալի՛, — ասաց հայրս, — մի քանի տարիեն ամեն մարդ կմոռանա քու քյուլխան բեյի ըլլելդ, մարդ կդառնաս, — և նրա ձեռքը դրավ մի քանի մեջիդ արծաթ դրամ:

Ալին փող չէր պահում իր մոտ, հորիցս առած փողը պահ էր տալիս իմ պառավ հորաքրոջս: Նա, ուտելուց և հագնելուց բացի, ոչ մի պահանջ չուներ, ուտում էր մեզ մոտ, հագնում էր հորս գնած չուխան, պառավ հորաքույրս էլ մատակարարում էր նրան ծխախոտ՝ հորս Տրապիզոնի պահեստից:

Ալին մտահոգված էր իր խմբի ընկերներին մի մի պաշտոն գտնելով: Մի քանիսին սպասավոր դարձրեց, շնորհիվ մեր տան միջոցով ձեռք բերած իր ծանոթությունների, մի քանիսին կառապանի պաշտոնի բարձրացրեց, մի քանիսին՝ ձի պահող, իսկ մնացածներն էլ մարդ սպանեցին ու փախան սարը և դառան ահ ու սարսափ ազդող բանդիտներ:

Խոսում էին, որ Ալիի բանդիտ ընկերները մեկմեկ իջնում են սարից և հյուրընկալվում մեր ագարակում Ալիի կողմից, բայց մենք երբեք չէինք տեսել:

Քաղաքային իշխանությունը մի քանի անգամ գաղտնի ոստիկաններ պահեց մեր ագարակում՝ բռնելու Ալիի ընկեր բանդիտներին, բայց բոլոր փորձերն անցան անհաջող: Մի փոքրիկ նշան պարսպի դռան վրա բավական էր, որ սարից իջնող մարդիկ չմտնեին ագարակը: Բայց որպեսզի իզուր չանցներ սարից քաղաք իջնելը, կողոպտում էին հանդիպած մարդուն և հեռանում:

Մայրս միշտ մտահոգված էր, որ մի՛ գուցե մի օր էլ հայրս պատահեր նրանց և կողոպտվեր:

— Գիշերները շուտ եկուր ագարակեն, — ասում էր մայրըս, — օր մըլ քեզ կը կողոպտին, գոնե սահաթդ և փարաներդ հետդ մի՛ տաներ:

— Ականջ մի կախեր, կնիկ, — պատասխանում էր հայրս, — ընծի կը ճանչնան, էդպես ապուր չեն ուտեր:

Եվ մի օր էլ այդ ապուրը կերան, հայրս տուն եկավ կողոպտված: Մայրս հիշեցրեց նրան իր նախազգուշացումը:

— Շատ մութ էր, ա՛ղջի, ձենս էլ չճանչցան, — պատասխանեց հայրս:

— Էնքան մութ էր, որ չճանչցա՞ն:

— Եթե ճանչնային, էդ ապուրը չէին ուտեր:

Հայրս կեպգիշերին մարդ ուղարկեց մեր ագարակը և Ալիին կանչել տվեց:

Ալին շնչասպառ եկավ: Հայրս պատմեց նրան եղելությունը: Ալին տխրեց, դուրս եկավ տնից առանց մի բան ասելու:

Առավոտյան կանուխ անծանոթ մարդիկ մեր լուսամուտից ներս նետեցին կողոպտված ժամացույցը, վերարկուն, փողերը և մի քանի թղթեր:

Ալին կեսօրից առաջ տուն եկավ, կանգնեց հորս առաջ ամոթահար:

— Հաջի էֆենդի, չեն ճանչցեր,— ասաց:

— Անոթի մարդիկ են,— պատասխանեց հայրս,— չեմ մեղադրեր:

Ալին հավատարմությամբ և հերոսությամբ պաշտպանեց մեր ագարակը՝ ամեն 8 և 10 օրը մեկ անգամ արյուն թափելով մի թփի և կամ աննշան մի ւոերևի համար:

Մի օր Ալին տնկվեց հորս դիմաց՝ ինչոր մտքերով պաշարված: Աչքերը փայլում էին, կարծես մի բան էր գտել և ուզում էր հորս հայտնել, բայց ամաչում էր ու քաշվում:.

— Ի՞նչ կա, Ալի, — հարցրեց հայրս:

— Հաջի էֆենդի, բան մը պիտի ըսեմ, ամա կամչնամ, վախենամ վրաս խնդաս:

— Ըսե, մի վախնար, եթե խնդալու է, կխնդանք, ինչու՞ կքաշվիս:

Ալին կմկմալով, բայց խորապես համոզված շեշտով, սկսեց.

— Հաջի էֆենդի, որոշեցի բոբիկ ոտքով Մեքքե երթամ, հաջի ըլլամ ու ետ գամ: Ուխտ եմ դրեր, կուզեմ կատարել:

— Շատ աղեկ բան ես մտքիդ դրեր, Ալի, գնա, բայց ինչու՞ բոբիկ ոտքով:

— Բոբիկ ոտքով, որպեսզի միտքս դրած մուրազս կատարվի:

— Շատ աղեկ, շատ աղեկ, — եզրակացրեց հայրս:

Ալին մի բան էլ ուներ ասելու, ավելի շուտ այս բանի համար էր, որ նա սկզբից ամաչում և քաշվում էր:

— Հաջի էֆենդի, ես քու ոտքիդ դուրբան ըլլիմ, — պաղատեց Ալին:

Հայրս հասկացավ:

— Ալի՛, ըսե՛, ես քեզի շատ բան եմ պարտական:

Ալին համարձակվեց:

— Հաջի էֆենդի, երկու ոսկի տաս ինձ, ճանապարհին անոթի չմեռնեմ, — կմկմաց:

— Երկու ոսկին քիչ է, — պատասխանեց հայրս, — քըզի տասնհինգ ոսկի կուտամ:

Ալին կռացավ և հորս վերարկուի քղանցքները համբուրեց:

Հաջորդ օրն իսկ Ալին հայտարարեց իր ուխտագնացությունը։ Իսլամական սովորության համաձայն պետք է նվերներով ճամփու դնեին Ալիին իր իսլամ կրոնակիցները։

Հաջորդ օրը, երբ հայրս Ալիի բռումը համրեց տասննիհնգ ոսկին, մորս կրոնական զգացումներին դիպավ։ Նա ասաց.

— Եթե հայ քրիստոնյա մը Երուսաղեմ գնա՝ չես տար։

— Ես իմ գործը գիտեմ,— պատասխանեց հայրս,— Ալին թող ետ գա, ես հարյուրներ կը վաստակեմ։

Մի քանի օրից, երբ Ալին ճանապարհ ընկավ, ցնցոտիներ հագած, բոբիկ և ձեռին մի երկար և անտաշ գավազան, իր իսլամ կրոնակիցներից շատերը ողջերթ մաղթեցին նրան։ Նվեր զրեթե չստացավ։ Նրա սոցիալական ծագումը հաղթեց կրոնական զգացումներին և ընդհանուր հավատքին։

Ալին նորից համբուրեց հորս վերարկուի քղանցքները և համառ, հանդուգն ու վճռական տոնով ասաց.

— Հաջի էֆենդի, աշխարհիքին խերը պիտի անիծեմ։

Հայրս Ալիի ճակատից համբուրեց և գաղտագողի մի ոսկի ևս դնելով նրա ափի մեջ՝ ասաց.

— Երուսաղեմեն որ անցնիս, էնտեղ մի ջրհոր կա, Հակոբա ջրհորը, ուր մեր Քրիստոսը հանդիպավ Սամարացի կնոջ, էդ ջրհորին վրա, իմ հոգու համար, մի մոմ վառե՛։

— Մի քանի հատ կը վառեմ, հաջի էֆենդի, անհոգ ըլլիր, — եղավ Ալիի վերջին խոսքը և ճանապարհ ընկավ դեպի Մեքքե։

***

Ալին գնաց, անցավ երկու տարի։ Նրանից ոչ մի լուր։

— Գնաց մի քաղաք, տված դրամդ դրամագլուխ շինեց և բացեց մի խանութ ու կապրի իր համար, — ասում էին շատերը հորս:

Հայրս համառորեն պնդում էր.

— Ալին վերջըվերջը կուգա, դուք կտեսնեք:

Մեր քաղաքից մի քանի թուրքեր վերադարձան Մեքքեից:

Հայրս հարցուփորձ արավ:

— Ես տեսա նրան Երուսաղեմում, — ասաց նրանցից մեկը, — նա դեռևս ուշ կգա, ոտով էր գնում:

Իսլամ ուխտավորները տարածեցին ամբողջ քաղաքում Ալիի ջերմեռանդությունը, նրա կրոնական կրակը: Նա այդ զոհաբերությամբ պիտի սրբեր սոցիալական իր ամբողջ «բասիրը», իր ծագման ամբողջ «կեղտը»:

***

Երեք տարի անցնելուց հետո՝ մի օր մեր քաղաքի պատերի վրա յաֆտաներ[30] փակցրին, որ Ալին գալիս է Մեքքեից բոբիկ ոտքերով, հոգնած և ուժասպառ, և որ ամեն իսլամի պարտականությունն է դիմավորել ու հոտոտել նրանից իսլամներին խոստացված դրախտը:

Լուր տարածվեց, որ Ալին գալիս է մարգարեից ստացված չտեսնված շնորհով: Այդ շնորհին արժանացել էր նա բոբիկ ոտքերով մինչև Մեքքե քայլած լինելուն համար, այրելով իր ճակատը և ոտները արաբական կիզիչ արևի տակ և ավազների վրա:

Երկու օրից Ալիին բեյ հռչակեցին — Ալի բեյ: Այս տիտղոսը նա ստացավ ինքնաբուխ կերպով հավատացյալ ժողովրդից իր ժամանումից առաջ:

---

[30] հայտարարություն, աֆիշ

Ամեն մի հավատացյալ խլամ պատրաստվեց դիմավորել նրան նվերներով:

***

Ամառ է: Դաշտի օդն ալիքավորվում է միջօրեի տապից, այրվում է հողը, մի դաժան և անկարեկիր արև վառում է դաշտի ցորենները:

Բազմահազար ժողովուրդ լցված է փոշեթաթախ ճանապարհին, երկուերեք մղոն գետնին փռված արևելյան գորգերը կորցրել են իրենց կախարդական գույները փոշուց:

Հեռվից նշմարվում է մի կետ: Ճանաչելի է դառնում: Ալին է․ գլխին մի կանաչ ապարոշ, հագին երկար և կանաչ աբա, ձեռքին նույն երկար և անտաշ գավազանը, կուրծքը բաց, բոբիկ․ նա բաց է արել նաև իր արությունը, որի վրա, մարգարեի հաճությամբ, դրոշմված է հաջին․ ահա այն շնորհը, որին նա արժանացել է ի փոխարեն իր բոբիկ և ցնցոտիապատ ուխտագնացության:

Խռնվում է ժողովուրդը նրա շուրջը լուռ և անձկագին աճապարանքով, սկսում են երկյուղածությամբ համբուրել մարգարեի շնորհին արժանացած նրա արության խորհրդանշանը՝ հաղորդակից լինելով խլամական դրախտի շնչին: Ամեն համբուրող, նրա քղանցքներին և գավազանին դիպչող ամեն մի մարդ մատուցանում է իր նվերը բոբիկ ընտրյալին:

Ոմանք բերում են ձիեր իբրև նվեր, ոմանք նվիրում են իրենց կալվածների մի մասը, մի ամբողջ խանութ, հայտարարում են իրենց նվերները համբուրելիս, բերում են մետաքսներ, արծաթներ, ոսկիներ, բերում են կահկարասիներ, խալիչաներ, սփռոցն եր, խուտնիխումաշ անկողիններ, մահճակալ, վառարան, հագուստեղեններ: Նվերների համար պատրաստված կառքերը լցվում են, և շարքը քանի գնում երկարում է:

Ալին լուռ է, փոշեթաթախ և դողահար:

Մտնում է քաղաք:

Տանիքները լիքն են հետաքրքրվող ժողովրդով, լուսամուտների

վանդակների ետև ծակում են աչքերը կանանց, մարմրում են սրտերն իսլամ մայրերի՝ իրենց փոքրիկ աղջիկներին ընծայաբերելու մարգարեի ընտրյալին:

Ալին լուռ է: Փոշին և քրտինքն ակոսներ են փորել նրա ճակատի վրա և քունքերից վար: Քայլում է դանդաղ, պարտասուն:

Հասնում է քաղաքի մեջիդը, չոքում է դրան շեմքին, համբուրում է մաշված մարմարը, աղոթում է երեսը դեպի հարամ, մտնում է ներս, էլի աղոթում:

Ալիին առաջնորդում են մեջիդի կողմից իրեն նվիրված մի զավառական պալատ՝ ուր հասնելիս նա ցանկություն է հայտնում քնել:

Հայրս նրա մոտ չգնաց, բայց կեսգիշերին Ալին մարդ էր ուղարկել հորս և խնդրել նրանից՝ «շնորհ բերել» իր մոտ:

Երբ հայրս մտնում է Ալիի սենյակը, նա ոտքի է կանգնում, վազում և համբուրում է նրան:

— Հաջի էֆենդի, քու շնորհիվ աշխարհքին խերն անիծեցի, — ասում է նա:

Բաժանվելուց առաջ Ալի բեյը ստիպում է հորս ետ վերցնել իր տված փողը: Հայրս կտրականապես հրաժարվում է:

— Ես իմ հոգու համար եմ տվել, — ասում է հայրս:

Ալի բեյը խոստանում է մինչև անգամ իր կյանքի գնովն օգնել հորս իր նեղությունների մեջ: Հայրս շնորհակալություն է հայտնում:

***

Մի ամսից հետո Ալին նպարեղենի խանութ բաց արեց, որի մեջ կշեռք և չափ չկար, որովհետև հաճախողներին ապրանք չէր ծախում:

Նա նստում էր խանութում, մետաքս, խուտնիխումաշ բարձերով շրջապատված, մարգարեական կանաչ արան հագին, մի արշին երկար մուշտուկը բերնին, կանաչ ապարոշով: Անցնող հարուստներին նա հրավիրում էր խանութը:

— Ձեր տունն ի՞նչ ուղարկեմ, — հարց էր տալիս:

Հարուստները նրանից խնդրում էին ուղարկել խանութի ապրանքի ամեն տեսակից և դնում էին մետաքսե բարձերի վրա մի քանի դեղին ոսկի:

Ալի բեյն ապրում էր անհիմանալի ճոխության, շռայլության և շվայտության մեջ, ապրում էր նա ժամանակակից հազար ու մեկ գիշերներ:

Իրար ետևից նա կնության առավ 8 աղջիկ, բոլորն էլ 12 տարեկան:

Նա շատ աշխատեց իր ընկերներին սարից քաղաք բերել, խոստացավ նրանց փող, տուն, խանութ և պաշտպանություն, բայց նրանք չհամաձայնեցին թողնել սարը և քաղաք իջնել:

Մի օր քաղաքում իրարանցում էր: Ալին ապտակել էր մի կատաղածի համբավ ունեցող ոստիկանապետի: Ալին տեսել էր, որ ոստիկանապետը ձգել էր իր մտրակի տակ մի քյուլխան բեյի և ծեծում էր: Քյուլխան բեյին ճչում էր մտրակի հարվածների տակ այնպես, ինչպես հարյուրավոր անգամներ ճչացել էր Ալին, ինքը. նա նախ մտածել էր անտարբեր անցնել, բայց ճիչը նրան պարտադրել էր ետ դառնալ և մի ապտակ իջեցնել ոստիկանապետին:

— Քյուլխան բեյին կպաշտպանե, — ասում էին բոլորը գաղտնի, անկյուններում, չհամարձակվելով հրապարակով դեմ գնալ մարգարեի ընտրյալին:

Մոխրակույտերի բոլոր իշխաններն օրական երեք անգամ խռնվում էին Ալի բեյի տան առաջ: Ալին նստում էր լուսամուտի ետև, ամբոխից աննշմարելի, մինչև սպասավորները յուրաքանչյուր անգամին 50ական օխա հաց էին փրթում: Ստեղծվում էր մի դաժան տեսարան, «իշխանները» իրար էին բզկտում մի կտոր ավելի կորզելու համար, քաշքշում էին իրար, տասնյակներ թափվում էին իրար վրա, ճխլտելով տակի մնացածներին: Եվ վերջ ի վերջո մնում էին ամենաթշվառները, որոնց ձեռքը մի փշուր անգամ չէր անցնում: Ալին նրանց կանչում էր ներս և իր ձեռքով բոլորին էլ մեկմեկ բաժին տալիս և ուղարկում:

Ալին մի օր ասել էր հորս.

— Մոխիրներու մեջ պառկելն էնպես եմ կարոտցե՛ր...

Մետաքսների, խալամ հուրիների և ոսկիների մթնոլորտում տենչում էր երբեմն անցյալ կյանքը: Հրամայում էր իր սպասավորներից մեկին՝ կապել կարմիր և կեղտոտ գոգնոց, դրսի թուրք ղայֆեճիների նման, և թրքական մի սուրճ բերել, խմելուց հետո խնդրում էր սպասավորից, որ փող չունի վճարելու, պետք է ապառիկ գրի: Սպասավորը սենյակի դռան ետև ածուխով մի գիծ էր քաշում իբրև սուրճի պարտք, այնպես, ինչպես դրսի մարդիկ անում էին ղայֆեխանաներում:

Ալին մեծ բավականություն էր զգում այս սուտ ղայֆախանան հաճախելուց: — Բոշայից փաշա դուրս չի գա,— ասում էր հայրս:

Ալիի Մեքքեից վերադարձից հետո՝ հայրս նրա միջոցով գլուխ բերեց զանազան գործեր՝ ետ առավ գրավված հողեր, իր բարեկամներին և ազգականներին բանտից հանել տվեց, մինչև անգամ արտոնություն ստացավ ընդարձակելու հայոց գերեզմանոցը, մի հարց, որի համար մի ամբողջ սերունդ չարչարվել էր, մինչև անգամ Պոլիս, սուլթանի մոտ, պատգամավորություն էր գնացել և մերժված վերադարձել...

ԺԹ

Մենք մի հարևան ունեինք, որ աղավնի էր խաղացնում՝ աղվընիկ խաղցնող Ակոբը: Մոտավորապես հարյուր թև աղավնի ուներ նա:

Աղվընիկ խաղցնելը համարվում էր ամենաստոր զբաղմունքը:

Ծերերն ասում էին. «Աղվընիկն անմեղ է, բայց մահ է»:

Մինչև անգամ, երբ աղավնի էին տեսնում երազում — սարսափում էին նրանք:

Ամեն անգամ, երբ մայրս տեսնում էր աղավնին մեր կտուրի վրա իջած, ահով էր բռնվում:

— Աղվընիկը տեներին (կտուրին) վրե է նստեր, — ասում էր և խաչակնքում դողահար:

Հին այդ երկրում որևէ մեկին անարգելու համար «աղվընիկ խաղցնող» էին կանչում, եթե մինչև անգամ աղավնիների հետ կապ էլ չունենար:

Դպրոցում մեր կրոնի վարժապետը դաս չիմացող աշակերտի երեսին թքում էր և բղավում.

— Դասդ չես գիտեր, աղվը՛նիկ խաղցնող:

Մենք կարող էինք զանգատվել դպրոցի տեսչին, որ խոսակցության ընթացքում մի աշակերտ մի ուրիշ աշակերտի «աղվընիկ խաղցնող» ածականով է որակել: Սա ավելի ստոր հայհոյանք էր համարվում, քան մորը հայհոյելը:

Իսկ իսկական աղվընիկ խաղցնողին մատով էին ցույց տալիս, ինչպես պոռնիկին և գողին:

Ոչ միայն աղվընիկ խաղցնողին աղջիկ չէին տալիս և աղվընիկ խաղցնողի տղին, այլ նաև աղջկան չէին ուզում: Որոնում էին, մինչև անգամ, թե՝ տղի կամ աղջկա «ճինսին» մեջ աղվընիկ խաղցնող եղե՞ր է, թե չէ:

Եթե մեկնումեկը ասեր թե՝

— Կրսեն քի աղջկա (կամ տղի) մորը հորիղբոր փեսի ախպարն աղվընիկ խաղցնող է եղեր:

Եվ եզրակացությունը պարզ էր՝ անմիջապես նշանը (եթե մինչև անգամ տվել էին) ետ էին ուղարկում, խնամիական բոլոր կապերը խզում:

Բայց մենք՝ մանուկներս, սիրում էինք աղավնիները, իսկ աղվընիկ խաղցնողները մեր աչքերում հերոսներ էին:

Մանուկների համար այդ բոլորն անհասկանալի, այդ բոլորը տարօրինակ, այդ բոլորն ապշեցնող էին:

Չէ՞ որ եկեղեցում ոսկյա աղավնու բերանից էին կաթեցնում մեռոնը՝ թևաբաց ոսկյա աղավնու:

Աղավնին գովաբանվում էր, իբրև անմեղության նշան, բոլոր երգերում:

Մանկությունն անմեղություն է

Եվ մենք սիրում էինք աղավնիներին:

Մենք մի փոքրիկ մարմարյա արձան ունեինք: Դա մի մերկ, սիրուն աղջիկ էր՝ աջ ուսին մի աղավնի թառած:

Այդ արձանը հայրս Ստամբուլից էր բերել: Դրված էր իր սենյակում, ընկուզե փայտից շինված պատվանդանի վրա, ետևում թավշյա սև ֆոն:

Որքան որ մայրս սարսափում էր աղավնուց, բայց էլի լավ բաները նմանեցնում էր աղավնու:

Երբ մեծ եղբորս երեխա էր ծնվում, գրկում էր, սիրում, վերվեր թռցնում և ասում.

— Ջագո՛ւկս, աղվընիկի կըլմանիս:

Իսկ երբ բաղնիքում մի սիրուն, ջահել աղջիկ էր տեսնում, ասում էր.

— Լուսինկայի պես մարմին ունի, թամամ ճերմակ աղավնիկ:

Ես հրճվում էի, որ մայրս այդպես բարձր էր գնահատում աղավնիները, տխրում էի, որ սարսափից խաչակնքում էր:

Ինձ այրում էր մի տենչանք՝ ուզում էի, որ ծնողներ չունենայի, լինեի որբ, բոլորովին ազատ և դառնայի աղվընիկ խաղցնող:

Հրդեհում էր ինձ այդ ցանկությունը:

Ես ամեն օր բարձրանում էի կտուրը, որպեսզի դիտեմ Ակոբի աղավնիները:

Կտուր էի բարձրանում գաղտնի, որ ոչ ոք չիմանա: Ամոթ էր մեր ընտանիքի որևէ անդամի համար, թեկուզ ինձ նման աննշան անդամի համար, բարձրանալ կտուրը՝ դիտելու աղվընիկ խաղցնող Ակոբին, ամոթ էր հրճվել աղավնիների թռիչքով: Բայց ես, անդիմադրելի մղումով, բարձրանում էի և դիտում:

Նրանք գլուխկոնծի էին տալիս մաքուր, ջինջ, կապույտ օդում:

Հրճվում էի ես խելագարի նման: Երբեմն պահվում էի կտուրի լողտուրի ետև, որպեսզի աղավնիները չվախենան, իջնեն մեր կտուրի վրա և ես կարողանամ, թերևս, բռնել նրանցից մեկնումեկը, կպցնել մատներս փետուրներին: Ոչ մի անգամ էլ չէր հաջողվում այդ:

Լողտուրի ետևում պահված՝ ես տեսնում էի, որ նրանցից մի քանիսն իջան մեր կտուրի քիվի վրա: Ես միայն տասը քայլ հեռու եմ նրանցից, դիտում եմ ագահությամբ, այնպես զգույշ, շունչս փորս գցած, որպեսզի շուտ չթռչեն:

Ես երազումս տեսնում էի Ակոբի աղավնիները: Իջել են նրանք գլխիս, ուսերիս, թևերիս: Լսում եմ նրանց մրմունջը:

Սկսում եմ ցատկել, պարել:

Նրանցից ոչ մեկը չի փախչում, բռնում եմ, շոյում, սիրում, զգվում, համբուրում, դնում ծոցիս մեջ:

Հանկարծ զգում եմ, որ երազ է, բայց շարունակվում է երազը, աղավնիներր գլխիս վրա են, ուսերիս, ծոցումս:

Զարթնում եմ, ամեն ինչ չքանում է, միայն դեռևս, կարծես, շարունակում եմ լսել նրանց մրմունջը: Երկար շարունակվում է սպիտակ աղավնիների երազի անհիմանալի խայտանքը:

Ես չէի կարողանում հասկանալ, թե ինչո՞ւ արհամարհում էին

աղավնիները, ինչո՞ւ էին անարգում, անպատվում աղվընիկ խաղցնողներին, մանավանդ աղվընիկ խաղցնող Ակոբին:

***

Երեկո է: Արևը դեռ չի թաղվել հեռավոր սարերի ետևը, քիչ տեղացող անձրևը մաքրել է երկրի դեմքը:

Պայծառ լույս է: Լուսամուտների ապակիները փածկլտում են:

Ակոբը բարձրացավ կտուրը, բաց արեց աղավնիների դռնակը:

Աղավնիները թռան դուրս ուրախ համերգով:

Ոմանք սպիտակ են, կաթնագույն: Թռչելիս մի բմբուլ է պոկվում, օրորվելով ընկնում գետին, մանուկները վազում են, իրար ձեռքից խլում, ձեռք բերողը ամրացնում է գդակին: Ոմանք ժայռային մուգկապույտ գույն ունեն, ոմանք՝ տեղտեղ սպիտակ, մուգ գույնով, լուսնկայի կաթնային սկավառակի վրա մուգ գույնի թղթի կտորներ փակցվածի նման, ոմանք՝ ծխախառն բոցի գույնով, արևմարի վերջին շողերի նման, ոմանք՝ դեղնագույն կարմիր, կարծես աշնան տերևներ են հագել:

Օդում երբ կաթնագույնները հանդիպում են բամբակի կույտերի նման սպիտակ ամպերի ֆոնին, էլ չեն երևում, կարծես հալչում են, իսկ երբ ամպերը մթին էին լինում՝ մոխրագույններն էին անէանում, կարծես լուծվում էին ամպերում:

Ահա մի զույգ, կրծքները կլորաձև կանաչին է տալիս, բայց երբ մի ակնթարթ փոխվում են դիրքերը, կանաչը կորչում է և մանիշակագույնին է տալիս:

Նազանքով և մրմունջներով կտուրի վրա քայլում է մի ուրիշ խումբ, ամբողջովին շագանակագույնասուրճի և շաքարի փոշու խառնուրդ — երբ թռչում են, պոչերն աղեղնաձև բացած, քչքչում են, վիզերը հարատև շարժման մեջ, ջրի նման շարժուն — այնքան թեթև, դարձդարձիկ ու լույծ՝ ալիքի վրա նետված գնդակի նման:

Եվ աղավնիները մահ էին, չար, սև՛ մահ։

Ես երբեք չէի կարող հասկանալ մթին այս առեղծվածը։

«Աղվընիկ խաղցուց, տունը մոխիր դարձավ», — ասում էին հին մի աղվընիկ խաղցնողի մասին։

***

Աղվընիկ խաղցնողները մշտական կռվի մեջ էին։ Երբ նրանք տեսնում էին աղավնիներ օդում ճախրելիս, բաց էին թողնում իրենց լավագույն աղավնին, որպեսզի գնա, նրանցից մեկնումեկին քաշի, բերի։

Իրար ձեռքից աղավնիներ էին խլում — սա էր աղավնի խաղցնելու հմայքը։

Աղավնին չափազանց դարպասող թռչուն է, դյութող ու դյութվող։

Սեռն աղավնու ամենուժեղ բնազդն է։

Տաքացած տափակ կտուրի վրա, երբ արևի շողը կաթկթում է հեղուկի նման, կտուցներն այրվում են սիրուց, քչքչում են, թռվռտում, կտուցներն ընկղմում իրենց փետուրների մեջ, կտցահարում են մարմինները՝ խայտանքից հարբած, մոտենում են իրար՝ սիրուց կրակված, քսվռտվում են, կտուցները զարնում իրար, թռնում իրար վրա։

Աղվընիկ խաղցնողը տեսնում է, որ մի կտուրից համարձակ օդը բարձրացավ մի մարի (էգ)։

Գեղեցիկ է։ Փոփոխակի մանիշակագույն և կանաչ կուրծքը փռվում է արևի շողերի տակ։

Հանում է մի դարպասող պապի (արու), «ճինս» աղավնի, տասնյակ հաղթանակներ տարած։

Պապին գնում էր, օդում դարձդարձիկ շարժումներ գործում, դառնում էր, անվերջ դառնում, մինչև հմայեր մյուսին, քաշեր բերեր իր բույնը:

Աղավնիների այդ պայքարի ժամանակ երկու աղավնիների տերերը, տարբեր կտուրների վրա, բռնվում էին անսահման անձկությամբ: Նրանք օտարոտի սպասում էին վախճանին, ներքնից ընտանի սուլոցներ բաց թողնելով՝ ոգևորելու և քաջալերելու իրենց պայքարող աղավնիներին:

Մինչև պայքարի վախճանը նրանք ապրում էին կես հոգեվարք: Մութը պատում էր նրան, որի աղավնին — հմայված մյուսից — գնում էր նրա ետևից:

Դրանից սկսվում էր մահացու թշնամությունը՝ մինչև արյուն, մինչև մահ:

Պարտված աղավնու տերը զգում էր իրան ցեխի մեջ տրորված, անպատված: Նրա համար ավելի նախընտրելի էր, որ ինքը խայտառակվեր ամբողջ քաղաքում, քան թե իր աղավնին պարտվեր պայքարում:

Թշնամությունը տևում էր սերունդից սերունդ, չէր մոռացվում ահավոր անպատվությունը:

Եվ հաճախ պարտված աղավնու տերը, չհամբերելով, որ մի օր անցնի և պատահարը դառնա պատմություն, գալիս, կանգնում էր հաղթանակող աղավնու տիրոջ տան շեմքին:

Փայլում էր դանակը:

Հավաքվում էր աղվընիկ խաղցնողների և աղավնու սիրահարների խումբը, բաժանվում երկու մասի:

— Խարդախությամբ տարավ աղվընիկս, — գոչում էր պարտվողը:

Ի՞նչ խարդախություն կարող էր լինել անմեղ թռչունների սիրային պայքարում, այն էլ օդում:

— Ետ տի տաս աղվընիկս, չէ նե. . . — և ցույց էր տալիս դանակը:

Հաղթանակող աղավնու տերը, շողացնելով մի ուրիշ դանակ, հայտարարում էր.

— Ուր կուզես նե գնա, չիմ տար, էրիկ մարդ ես՝ դիմացի՛ր:

Դանակները զարկվում էին իրար, նրանց զիլ և սուր զրնգոցը ճեղքում էր օդը — իրարանցում, խռնվում, քաշքշոց, շորերի պատառոտում, կանանց և երեխաների լաց և. . . հոսում էր արյունը մեկնումեկից:

Եթե պարտվող աղավնու տերն էր արյուն թափողը, ամիսներով նրան չէր կարելի տեսնել քաղաքի փողոցներում: Նա փակվում էր տանը, լուսամուտների վարագույրները քաշում:

— Կնկանը վարտիքն է մտեր, դուրս չելլեր, — ասում էին նրա հակառակորդները:

Իսկ եթե հաղթանակող աղավնու տերն էր արյուն թափողը, վերքը կապելուց հետո դուրս էր գալիս փողոց, գլուխը բարձր բռնած, ֆեսը հասցրած մինչև հոնքերը և ծոպն առաջը — ամենագոռոզ և ամենալկտի ֆես դնելու ձևը — քայլում էր ոչ ոքին չբարևելով, ոչ ոքի երեսին մտիկ չտալով: Ռազմի դաշտից վերադարձած արյունարբու հերոսի նման:

Ահա թե ինչու ծերերն ասում էին, որ աղվընիկն անմեղ է, բայց մահ է, աղավնու կաթնագույն թևերի տակ արյուն կար և մահ:

Բայց այդ զարհուրանքից և արյունից հետո էլ իմ հոգին ձգտում էր դեպի աղավնիները:

Երբ փողոցում դանակներ էին շողում և ատելությամբ զարկվում իրար, վերևում, պաղպաջուն և կապույտ երկնքում, աղավնիները շարունակում էին ճախրել ու դառնալ իրենց անմեղության պարը:

Ի՞նչ կապ ունեին աղավնիները մարդկանց պատվի, դիրքի և չարության հետ: Նրանք ճախրում էին արևի շողերի ծովում, շողերի հեշտագին ալիքներում, ինչ փույթ, թե ներքևում մարդիկ արյուն էին թափում և թափված արյան հանցանքը փաթաթում իրենց սպիտակ և անմեղ վզերին: Մեկը հմայվում էր մյուսից, հանձնվում էր նրան, հետևում էր, գալիս, իջնում էր նրա տաքուկ բույնը, ամբողջ գիշերն քչքչում, կտուցը կտուցին զարկում, հարբում սիրուց և առավոտյան, արևի շողերի տակ, շարունակում սիրո անմեղ խաղը:

***

Մեր հարևան աղվընիկ խաղցնող Ակոբն արհեստով սափրիչ էր:

Նա այդ արհեստին օրվա քիչ ժամանակն էր նվիրում: Գրեթե միշտ կտուրի վրա էր, աղավնիներն էր թռցնում, ետ կանչում, նորից բաց թողնում, հետևում յուրաքանչյուր աղավնու թռիչքին, հետևում սրտատրոփ և հափշտակված:

Ակոբը թեև լավ ածիլող, մաքրասեր սափրիչ էր, բայց սակավաթիվ հաճախորդներ ուներ, որովհետև հաճախորդ վաստակելու ջանք չէր թափում:

Մենք՝ մանուկներս, գնում էինք նրա կրպակը: Ակոբը գործի վրա է, սապնել է հաճախորդի երեսը, սպիտակ փրփուրով լցրել, միայն քիթն ու աչքերն են ազատ: Ակոբը հենց փորձում է ածելին սրել կաշվի վրա, որպեսզի սկսի սափրել, մենք սկսում ենք խոսել քաղաքում մի որևէ անուն հանած աղավնու մասին:

— Կըսեն քի՝ Պեյրոսի չիլը երկու ձագ հաներ է, —ասում է մեզանից մեկը և գաղտագողի ժպտում:

Մենք միայն իրար հետ ենք խոսում և իբր թե սպասում ենք մազերնիս խուզելու, բայց Ակոբը չի դիմանում, թողնում է հաճախորդին և մոտենում է մեզ.

— Ուրկե՞ լսեցիք, վո՞վ ըսավ,— հարցնում է անձկագին:

— Մինասն ըսավ:

— Չէ՛, ջանը՛մ:

— Հա, իրավ է, երկու ձագ:

— Մինաս սուտ կը խոսա...

Համախորդը գոռում է, երեսի օճառի փրփուրները հետզհետե սմքում են: Քթի տակը օճառի պղպջակների պայթելուց՝ քորվում է:

— Ածիլե՛ երթամ, բե՛ ջանըմ:

— Շատ մի խոսա՛, էստեղ գործ ունիմ,— պատասխանում է Ակոբը և շարունակում վիճել չարաճճի մանուկների հետ աղվընիկ խաղցնող Պեյրոսի Չիլ աղավնու մասին:

— Ծո, շուտ ըսե, վո՞վ ըսավ, քեզի կըսիմ,— նորից հարցնում է Ակոբը մտահոգ:

— Աչվըներովս տեսանք:

Ակոբը տխրում է: Դա նշանակում է, որ Պեյրոսը շուտով առավելություն է ձեռք բերելու: Պեյրոսի Չիլը Դիարբեքիրից են բերել, համարվում է Փոքր Ասիայի ամենաազնիվ ճիներից մեկը, երկնքից կարող է քաշելտանել որևէ աղավնի և նա աճել է երկուսով:

Մութը պատում է Ակոբին:

— Չիլի անունը մենծ է, ամա աղքան չէ,— հարում է Ակոբն իրան մխիթարելու համար, բայց թախիծը թանձրանում է նրա աչքերում:

Համախորդը զայրանում է:

— Տածիլե՞ս թե չէ, — և հայհոյում է:

Ակոբի աչքերը թարս ու թուրս են նայում, համախորդը վախենում է այդ աչքերից. Ակոբը, հանկարծ, կարող է փոխել ածելիի իսկական դերը: Ակոբը մոտենում է համախորդին՝ ածելին ձեռքը:

— Ի՞նչ կուզես, — հարցնում է հանգիստ, բայց սարսափելի է այդ հանգիստ տոնը, որովհետև դա զայրույթի բարձրագույն կետն է:

Համախորդը մեղմանում է և աղաչական հարում.

— Կուզիմ քի, աճիլես երթամ:

Ակոբը քաշում է սրբիչը, մաքրում հաճախորդի երեսի օճառը և՝

— Վերջացավ, յալլա՛…

Հաճախորդը վեր է կենում նստարանից, ֆեսը դնում և հեռանում, եզրակացնելով, որ ազատվեց ստույգ վտանգից:

— Ուրիշ գործ չունիմ դե՝ իրեն երեսը տածիլիմ, — մրթմրթում է Ակոբը հաճախորդի ետևից: Մենք էլ հեռանում էինք, Ակոբին թողնելով լուռ տանջանքում: Իսկ նա մի սիգարա է փաթաթում, քաշում արագարագ, փակում կրպակը, գնում տուն, ճանապարհին աչքերը երկնքին, տեսնելու համար, թե ո՞ւմ աղավնիներն են ճախրում երկնքում:

Ակոբը տուն գնալուց հետո՝ բարձրանում էր կտուրը, դուրս բերում իր աղավնիները, մոռանում Պեյրոսի Չիլը, ինքն էլ ունի փոքրասիական իռչակ վայելողներ:

Բռնում էր ոմանց, գլուխները կոխում բերանը (դա նրա սիրելու ձևն էր) և բաց թողնում:

Կտուրի վրա, Ակոբի գլխավերևը, շրխկում էին աղավնիների թևաբախումները: Ամեն մի թևաբախման՝ Ակոբը ներքևից հափշտակությամբ բացականչում էր.

— Օ՜խ, թևերուդ դուրբան, օ՜խ…

***

Մի օր, մի պարտված աղավնու տեր կանգնեց Ակոբի դռանը, հետն առած կողմնակիցներին (գրեթե բոլորն էլ Ակոբի աղավնիներից դաղված աղվընիկ խաղցնողներ):

Եկավ, կանգնեց և ասաց*

— Դու՛րս եկուր:

Երբ Ակոբի կինը լսեց գոռոցը և փոքրիկ լուսամուտից տեսավ փողոցում կանգնած աղվընիկ խաղցնողներին, մանավանդ երբ տեսավ փայլփլացող դանակը, գլխաբաց, նիհար, մոմի նման դժգույն ձեռքերը պարզած՝ վազեց դեպի կտուր տանող սանդուղը:

Այդ ժամանակ Ակոբը, դանդաղ, ծանր քայլերով, իջնում էր կտուրից: Դեմքն ամբողջովին այլափոխված էր, շրթունքները դողում էին զայրույթից:

Կինն ընկավ ամուսնու ոտը.

— Ոտքդ պագնիմ, մ՛երթա:

Բայց Ակոբը հավի նման շպրտեց կնոջը:

— Էրիկ մարդ եմ, շատ մի խոսա:

Նա լուռ առաջացավ դեպի պահարանը, որի բանալին միայն իր մոտ էր լինում: Բանալին ծակը խրելու հետ միասին՝ կինն ընկավ սալահատակին ուշագնաց:

Ակոբը բաց արավ պահարանը, դուրս բերեց հին, պապենական դանակը, քաշեց պատյանից, համբուրեց սառը պողպատը, նորից դրեց պատյանը և գնաց դուրս: Աղջիկը տանը չէր, կինը մնաց սալահատակին ընկած:

Ակոբի դռան առաջ երևնալը և դանակը բոցի նման շողացնելը բավական եղավ, որ հակառակորդները նահանջեն, որովհետև մինչև այդ Ակոբի կողմնակիցներն էլ հավաքվեցին:

Քիչ անց ո՛չ ոք չմնաց Ակոբի դռանը, այն ժամանակ Ակոբն ամոթ չզգաց ներս գնալու:

Ակոբը տեսավ կնոջն ընկած գետնին, բարձրացրեց նրան, մի քիչ ջուր սրսկեց երեսին, և երբ կինն ուշքի եկավ, ասաց.

— Հեչ ջիգեր չունիս, կնիկ, մեղք որ ի՛մ կնիկս ես:

Բայց Ակոբի կնոջ սիրտն ուրիշ վերք էր կրծում, նա դանակից վախեցողը չէր, շատ էր տեսել, տեսել էր և ամուսնու արյուն թափելը, շատ անգամներ էր նրա վերքը կապել:

Կինը մտածում էր այն բանի մասին, որ աղջիկը մեծացել էր, և եթե ամուսինը ձեռք չքաշեր աղվընիկ խաղցնելուց, սիրուն աղջիկը տանն էր մնալու:

Առհասարակ, երբ աղավնի խաղցնողները հասակն առնում էին, թողնում էին աղավնիները:

Մինչև անգամ շատերը թողնում էին ամուսնությունից անմիջապես հետո: Բայց ոչ մի հույսի նշույլ չէր երևում, որ Ակոբը թողնի աղավնիները և խաղաղ զբաղվի իր արհեստով:

— Վազ անցիր աղվընիկներեն, ա՜յ մարդ, — աղաչում, պաղատում էր կինը, — աղջիկ զավակ ունիս, տունը կը մնա, մեղք է:

Ակոբը ցնցվում էր, մարմինը փուշփուշ լինում, երբ կինն աղջիկ զավակի խոսքն էր մեջ գցում: Նրա հոգու առաջ կանգնում էին կաթնագույն աղավնիներն ու կաթնագույն, սև մազերով աղջիկը և չէր կարողանում ազատվել մեկնումեկից, մռայլվում էր, տանջվում, թախիծը, թանձր, մթին մշուշի նման, իջնում էր ճակատի վրա և չգտնելով ոչ մի ելք՝ ապտակում էր կնոջը և գոռում.

— Կենե սկսար վռվռալ հերի՞ք է, մաշեցիր:

Կանչում էր աղջկան, դիտում նրա հասակը, ձմերուկի կտերի նման սև աչքերը, նստեցնում ծնկանը, շոյում մազերը և արցունքոտ աչքերով շշնջում.

— Կըզըմ, չինար բոյլի կըզըմ[31]...

Արցունքները չէին թողնում, որ շարունակի, վեր էր կենում, բարձրանում կտուրը, բաց թողնում աղավնիները դեպի պաղպաջուն և կապույտ երկինքը, մոռանում աշխարհին ու իր չար օրենքները:

---

[31] Աղջիկս, չինար հասակով աղջիկս

Երբ օդում շրխկում էին աղավնիների թևերը, մռայլը փարատվում էր Ակոբի աչքերից, ճակատի թախիծը սրբվում, և նրա ամբողջ դեմքը փայլում էր անձրևից լվացված կանաչի նման:

Բայց կինը հանգիստ չէր տալիս նրան, կրկնում էր անդադար,

— Աղջիկ զավակ ունիս, հողը դիր, ազատվի:

Բայց Ակոբն ինչպես ազատվեր աղավնիներից:

Աղավնիների ամեն մի բմբուլը կապված էր նրա հոգու հետ:

Օրվա ամեն մի րոպեին, ինչ էլ որ աներ, քնած թե արթուն, նա ապրում էր աղավնիների հետ, լսում էր նրանց մրմունջը:

Փողոցում քայլելիս՝ հանկարծ մի թռչուն էր թռչում նրա գլխի վրայից: Ակոբը ցնցվում էր և աչքերը հառում վեր:

— Ես կարծեցի քի՝ աղվընիկ է, — ասում է Ակոբը և ժպտում:

***

Թափվեց տիեզերքի ձյունը նրա գլխի վրա: Դարձավ ալեխառն՝ նման իր մոխրագույն աղավնիներին, բայց նա հոգով մնաց մանուկ, ինչքան հասակն առավ, ավելի ու ավելի մանկացավ:

Օրերով խանութը չէր բաց անում, որովհետև կարող էր հաճախորդին վշտացնել:

Ածիլած ժամանակն աչքը լուսամուտից դուրս էր:

Երբ օդում աղավնիներ էր տեսնում, թողնում էր հաճախորդին, գալիս կանգնում էր դռան առաջ, ածելին ձեռքը, սպիտակ խալաթը հագին, մոռանում էր, որ հաճախորդը սպասում է:

Երբ աղվընիկ խաղցնողն ամուրի էր լինում, մարդիկ նրա մորը, կամ

եթե մեծ քույր ուներ՝ մեծ քրոջը, իսկ եթե որևէ հարազատ չունենար՝ իրեն էին հայհոյում:

Ակոբի աղջիկը մեծացել էր, մազերը հասել էին մինչև սրունքները, թշերն ու շրթունքները նռան նման կարմրել:

Էլ մոռացան նրա կնոջը և սկսեցին հայհոյել աղջկան:

Ակոբի կինն ավելի ընկավ ամուսնու ետևից.

— Ա՛յ մարդ, քիչ մը մտմտա, մեղք է աղջիկդ: Աստվա՛ծ, աղջիկ զավակ չունենայի, մուրայի ու ապրեի:

Մոր համար, մեծ, անլուծելի պրոբլեմ էր՝ հասած աղջիկը տանը:

Իհարկե, աղջկան ուզողներ կային, բայց բոլորն աղվընիկ խաղցնողներ էին:

Թե՛ Ակոբը և թե՛ նրա կինը երդվել էին, որ իրենց աղջկան աղվընիկ խաղցնողի չտային:

— Վո՜ւյ, ձյունը մաղվի գլխիս, աղջիկս աղվընիկ խաղցնողի՞ն տամ:

Անդուլ ու անդադար կինը կրկնում էր.

— Աղվընիկները թող կըսիմ, հերիք է, սաղ քաղաքն աղջիկ զավկիդ կը քֆրե:

Ակոբն ի՞նչ կարող էր անել, ինչպե՞ս կարող էր փակել ողջ քաղաքի բերանը:

— Ես ալ բյութունին կնիկներն ու աղջիկները...— փոխադարձ հայհոյում էր Ակոբը ու իրան մխիթարում:

Ժամանակի ընթացքում Ակոբն ինքն էլ զգաց, որ փոխադարձ հայհոյանքը ոչնչով չէր կարող թեթևացնել աղջկա զազրելի բեռը:

Արդեն խեղճ աղջկան հասել էր կյանքի խոշորագույն հարվածը՝

կիսատ էր թողել դպրոցը, որովհետև մինչև անգամ ուսուցիչները նրան «աղվընիկ խաղցնողի աղջիկ» էին կանչում:

Հենց որ դասը մի քիչ վատ իմանար, ասում էին.

— Հը, հարդ աղվընիկ կխաղցնե՞:

Ի՞նչ կապ կար աղվընիկ խաղցնելու և դասի միջև, բայց ասում էին, անդադար կրկնում:

Ակոբը միտք արավ, միտք արավ և գտավ ճարը:

Մորուք թողեց:

Առհասարակ կռվի ժամանակ, երբ կռվողը մորուք էր ունենում, կնոջը կամ մորը չէին հայհոյում, հայհոյում էին մորուքին:

Ակոբն էլ մորուք թողեց, որ մորուքին հայհոյեն:

Կինը չհասկացավ մորուք թողնելու նպատակը:

Մինչև անգամ ծաղրում էր ամուսնու մորուքը:

— Գլխուս տերտեր դարձավ,— ասում էր:

Նա էլի հետապնդում էր, որ իբրև հայր մտածի աղջիկ զավակի բախտի և պատվի մասին:

— Ի՞նչ տէնես աղջիկդ, տանը թթո՞ւ տի դնես,— մի օր հարց տվեց կինը:

Ակոբը պատասխանեց.

— Շատ մի վռվռա, իշտե մորուք թողուցի:

Իհարկե, մորուքն էլ չօգնեց, որ մարդիկ մոռանային անմեղ աղջկան, նրանք շարունակեցին հայհոյել, երբ տեսնում էին հորը՝ կտուրի վրա աղվընիկ թռցնելիս:

— Վա՜յ քու աղջկանդ...

Ակոբն իջնում էր կտուրից, տեսնում էր աղջկան՝ աղի արցունքներ թափելիս, հարցնում էր.

— Աղվընիկս, ինչո՞ւ կուլաս:

— Նորեն քֆրեցին, — պատասխանում էր աղջիկն արցունքների միջից:

Ակոբը բռնում էր մորուքը, հոգոց քաշում և հեռանում:

***

Տան եկամուտը հետզհետե պակասեց: Խանութից ոչ մի հույս չկար: Շաբաթական մեկերկու օրը հազիվ էր բաց անում, միայն պատահական հաճախորդներ ընդունում:

Ակոբը որոշեց զոհել իր սրտի կեսը:

Հինգ կարմիր ոսկով նա ծախեց իր լավագույն «ճինս» աղավնիներից մի զույգ:

Այդ մի զույգ աղավնին նրա ամբողջ սիրտն էր, բայց որովհետև նրանցից ձագ էր ունեցել, հաշվում էր սրտի կեսը:

Ակոբը, երբ ոսկիներն առավ և ծոցից դուրս բերեց թանկագին աղավնիները, հանձնեց նոր տիրոջը, նրա աչքերից արցունքի կաթիլներ ընկան աղավնիների փետուրների վրա:

Բայց արցունքները սրբեց, ուրախության մի ալիք ողողեց նրա երեսը: Հինգ ոսկին բավական էր մի տարի ապրելու համար, և պարտավոր չէր խանութը բաց անելու և հաճախորդների «քթի հոտը քաշելու»:

Երբ նա տուն եկավ, աղջիկը դիմավորեց նրան:

Ակոբը հանկարծ ուրախությունից բացականչեց.

— Աղվընի՛կս, ճերմա՛կ աղվընիկս:

Նրանք փաթաթվեցին իրար:

Մի քանի անգամ Ակոբը որոշեց ծախել աղավնիները, ոչնչացնել տունտեղ, գնալ մի ուրիշ քաղաք, թերևս մի ուրիշ երկիր, որպեսզի մարդիկ չիմանան, թե ինքը եղել է աղվընիկ խաղցնող: Աղջիկը մեծանում էր և տանն էր մնում:

Որքան որ որոշում էր ծախել, բայց սարսափում էր այդ հեռապատկերից:

Գիշերները, կես քուն, կես արթուն, նրան այնպես էր թվում, որ ինչոր մարդիկ եկան, սարսափելի դեմքով մարդիկ, բարձրացան կտուրը, բաց արին աղավնիների դռնակը և տանում են աղավնիները, տանու՛մ են, տանու՛մ:

— Չիմ տար, մի տանիք, — գոռում էր Ակոբը քնի մեջ, որից սիաբեկվում էին կինը և աղջիկը:

Վեր էր ցատկում այսահարի նման, ոտաբոբիկ բարձրանում կտուրը, բաց անում աղավնիների դռնակը, մտիկ տալիս նրանց մրմունջին, հանգստանում և իջնում ներքև:

Վերջապես, Ակոբը որոշեց ոչ թե ծախել թռչունները, այլ մորթել, ոչնչացնել:

Ակոբը չէր կարող հաշտվել այն մտքի հետ, որ աղավնիներն ապրեին, լինեին ողջ, թռչեին, մրմնջեին և իրենք չլինեին:

Մի երեկո Ակոբը հայտնվեց կտուրի վրա:

Երկար ժամանակ էր նա կտուր չէր բարձրացել:

Աղջկա վիճակը տանջում էր նրան:

Երանի էր տալիս, որ աղջիկը չլիներ, ինքն ազատ լիներ:

Ինքը և աղավնիները... դա կլիներ դրախտային կյանք. կյանքի բաժակը կլիներ քաղցրությամբ լեփլեցուն:

Բայց աղջիկը կար և այրում էր իր հորը:

Նրա դեմքը պարզապես զարհուրելի էր, ավելի զարհուրելի, քան երբ դանակը վերցնում էր և փողոց դուրս գալիս կռվի:

Աղջկանը այնպես թվաց, որ հայրը նիհարել, չափազանց ծերացել է:

Աղջիկը վազեց անմիջապես մորը մոտ:

Չկարողացավ ոչինչ ասել, փաթաթվեց նրան և սկսեց հեկեկալ:

— Ինչու՞ կուլաս, կինե՞ քֆրեցին:

Աղջիկը հազիվ կարողացավ արտասանել.

— Հայրիկը...

Մայրը վազեց դեպի կտուրը:

Իսկ Ակոբը բարձրացավ կտուրը, բաց արավ աղավնիների դռնակը: Աղավնիները դուրս թռան:

Նրանց համերգը տարածվեց օդում:

Շատերը թառեցին Ակոբի վրա, կարծես կարոտել էին:

Ակոբը լուռ կանգնեց պահ մի, հետո դարձավ հեռավոր սարերի ետև մայր մտնող արևին, հանեց ֆեսը, բռնեց աղավնիներից մեկը, քաշեց դանակը...

Թռցրեց աղավնիներից մեկի գլուխը:

Արյունը ժայթքեց նրա կրծքի սպիտակ շապկի վրա:

Ձեռքերը դողում էին:

Բռնեց երկրորդ աղավնին, բայց ձեռքերը թուլացան, դանակն ընկավ գետին։

Այդ ժամանակն էր, որ կինը բարձրացավ կտուրը, տեսավ արյունոտ դանակը գետնին, ամուսնու արյունոտ կուրծքը և նրա սարսափահար աչքերը։

Կինը չնշմարեց մորթված աղավնին, որ ընկած էր մի քանի քայլ հեռու և կարծեց, որ Ակոբը դանակով վիրավորել է իրան։

Կտուրի վրա բարձրացավ աղիողորմ ճիչ։

Աղջիկը վազեց վեր, փաթաթվեց մեկ՝ մորը, մեկ՝ հորը։

Կնոջ ճչից ես վազեցի մեր կտուրը։

Շատերն էին հավաքվել թե՛ փողոցում, թե՛ կտուրների վրա։

Դիտողները չիմացան, թե ինչ էր կատարվում։ Նրանք կարծեցին, թե աղվընիկ խաղցնող Ակոբը կնոջն էր ծեծում և աղջիկն աշխատում էր մորն ազատել հոր ձեռքից։

Եվ էլի հայհոյեցին անմեղ աղջկան։

— Վա՛յ, ես քու աղջկանդ...

Իսկ աղվընիկ խաղցնողը, արյունոտ աչքերով, սեղմեց իր մեկ հատիկ աղջկանը աղավնու արյունով ներկված իր կրծքին և շշնջաց.

— Իմ ճերմակ աղվընիկս... իմ բյութուն աղվընիկներս քըզի դուրբան կէնիմ...

Ներքևում այդ ալեխառն գլխով մանուկը լաց էր լինում, թափում էր կոպերն այրող արցունքներ։

Իսկ երկնքից մաղում էր մանիշակագույն մոխիր աշխարհի վրա։

Ւ

Վերջի՜ն, վերջի՜ն անգամ իմ քայլերս ուղղվում են դեպի գերեզմանատուն, վերջին այցը տալու իմ հոր շիրմին:

Ինչքա՜ն է աճել այն թթենին, որ տնկել ենք մենք նրա շիրմի գլխավերևում:

Ուզում եմ խոսել հորս հետ: Նա կանգնած է իմ առաջ իր բարձր հասակով: Տխուր է, տխու՜ր, ինչպես մի մենավոր ծառ ամայի հովտում: Լռություն, անսահմա՜ն լռություն. . .

Նայում եմ թթենուն, աչքերս խորասուզվում են դեպի նրա արմատները, որոնք բյուրավոր մազմզուկներով մտել են հորս գանգի մեջ և կերել ամբողջ ուղեղը, ահա բերանից ու աչքերից ներս են խուժում ծարավ թելիկները դեպի գանգի խոռոչը:

Թթի այն հատիկը, որ լեցուն է քաղցրությամբ, վերցրել է իր հյութը հորս գանգից և սրտից. . .

Թթենին՝ նա իմ հայրն է ճյուղավորված և կանաչած: Քամին երգում է նրա տերևների մեջ: Ո՜չ թե հայրս է լսում այդ երգը, այլ ինքն է երգում իր տերևներով: Թթենու, ստվերները գրկում են ինձ՝ հորս թևերն են փաթաթվում ինձ ու բարձրացնում վեր:

Հա՜յր, դու գրկում ես ինձ մահվան ջերմաջերմ քո թևերով, և քամին երգում է. . .

Ես լսել եմ քամու այդ երգը, լսել եմ իմ սրտում, երբ կարոտով, կարոտով, կարոտով երազել եմ քեզ, հա՜յր, դա քո արյան երգն է, որ կարկաչում է իմ երակներում, դա այն երգն է, որ արևն է երգում, երգում է յուրաքանչյուր փոքրիկ խոտ, երգում է լուսնի ամեն մի արծաթյա շող, որ թափառում է մեր պարտեզի վարդերի կածաններում:

Ե՜րգ, երգ անվերջանալի և հավիտենապես սարսռուն, երգ, որ կաթում է երկնքի մանիշակների բաժակներից, կաթում է արևագույն հողի մեջ և նորից բարձրանում վեր իբրև ծաղիկ և իբրև տերև, երգ, որ վազում է գարնան հեղեղների հետ, գետի ալիքներով, երգ, որ փռվում է անսահման ծովերի վրա իբրև կապույտ անդորր:

Համբուրում եմ շիրիմը, փաթաթվում եմ թթենու բունին՝ ահա փաթաթվում եմ հորս մեջքին:

Քամին երգում է, թթենու տերևները սվսվում են:

Անվախճան երգ, անվախճան կյանք, անվախճան մահ, անվերջ թախիծ և անվերջ խնդությու՜ն...

***

Վերջին անգամ երևում է քաղաքն իբրև ոսկյա մի ծառ լեռների կապույտ ծոցում:

Ճամփորդությո՜ւն...

Կառքը սլանում է հին հռովմեական ճանապարհով դեպի ծովը, դեպի Բյուզանդիոն և Հռովմ:

Առավոտ: Ձիերի սմբակները կայծեր են արձակում:

Գիշեր: Ձիերն ուտում են, իսկ մենք, հոգնած՝ աստղերը դիտելուց, խորասուզվում ենք և քնի քնարն օրորում է մեր հոգնածությունը:

Մի առավոտ տեսնում եմ ծովը: Ո՞ւր է ծովը և ու՞ր է երկինքը: Սահմանագծերը գրկել են իրար:

Ծո՜վը... հիշեցի հպարտությամբ, որ հայրս ինձ կանչում էր՝ «իմ ծովաչվի տղաս»:

Երկու գիշեր, և ահա կգտնեմ ինձ Պոլսում՝ իմ երազների քաղաքը:

Ես կուզեի, որ Պոլիսը լիներ այնպես, ինչպես երազել եմ: Թերևս ավելի չքնաղ էր, քան իմ երազածը: Ավելի չքնաղը ես չէի ցանկանա: Ես ձգտում էի իմ երազին:

Այդ հին երկրում արևը ճչում է մրգի հատիկներով, հողը շնչում է անսպառ խոտով, առվակները կարկաչում են, բացվում են մեծ առավոտներ, և իջնում են հրաթև վերջալույսեր, բարձրանում և կապույտում լողում է մի արծաթյա թաս՝ մեջը լիքը նոր կթած կաթով, տիեզերանում է գիշերն աստղահնչուն, ծառները սլանում են դեպի երկինք, և բոլոր ծաղիկները սարսռում են ու շշնջում:

Այժմ ես կուզեի հանգչեցնել իմ հոգնած գլուխն այդ երկնքի կապույտ մարմարին և լսել այն երգը, որ հեղեղում են ծառները, առվակներն ու աստղերը:

1930

www.ingramcontent.com/pod-product-compliance
Lightning Source LLC
Chambersburg PA
CBHW021100090426
42738CB00006B/430
9781604447668